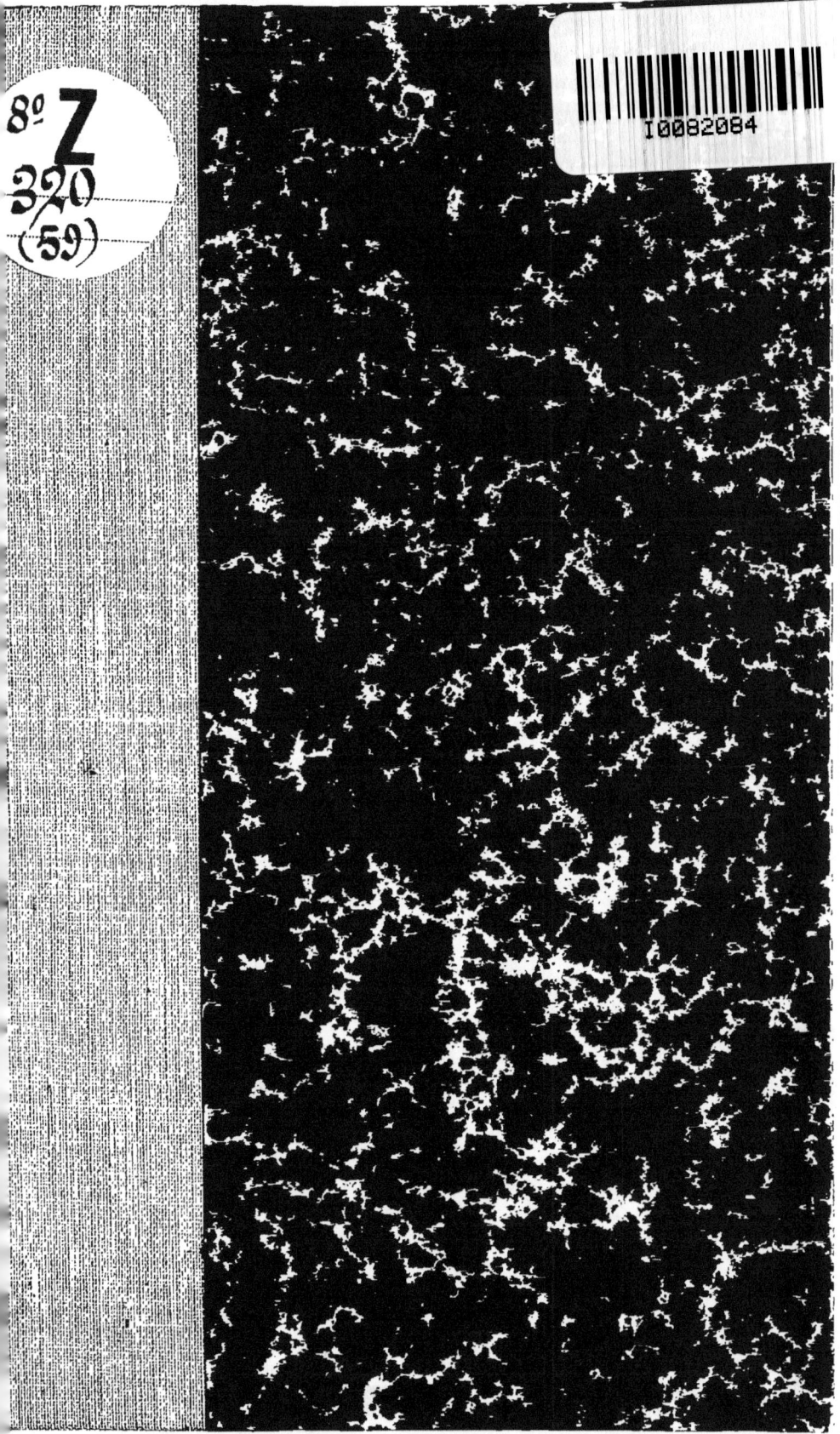

LES

AUTEURS GRECS

EXPLIQUÉS D'APRÈS UNE MÉTHODE NOUVELLE

PAR DEUX TRADUCTIONS FRANÇAISES

Cet ouvrage a été expliqué littéralement par M. F. de Parnajon, professeur au lycée Henri IV.

La traduction française est celle de Fr. Thurot, revue par M. Ch. Thurot, membre de l'Institut, maître de conférences à l'École normale supérieure.

PARIS. — IMPRIMERIE CHARLES BLOT, RUE BLEUE, 7.

LES
AUTEURS GRECS

EXPLIQUÉS D'APRÈS UNE MÉTHODE NOUVELLE

PAR DEUX TRADUCTIONS FRANÇAISES

L'UNE LITTÉRALE ET JUXTALINÉAIRE PRÉSENTANT LE MOT A MOT FRANÇAIS
EN REGARD DES MOTS GRECS CORRESPONDANTS
L'AUTRE CORRECTE ET PRÉCÉDÉE DU TEXTE GREC

avec des arguments et des notes

PAR UNE SOCIÉTÉ DE PROFESSEURS
ET D'HELLÉNISTES

ARISTOTE

MORALE A NICOMAQUE

LIVRE VIII

PARIS

LIBRAIRIE HACHETTE ET Cie

79, BOULEVARD SAINT-GERMAIN, 79

—

1881

AVIS

RELATIF A LA TRADUCTION JUXTALINÉAIRE

On a réuni par des traits, dans la traduction juxtalinéaire, les mots français qui traduisent un seul mot grec.

On a imprimé en *italique* les mots qu'il était nécessaire d'ajouter pour rendre intelligible la traduction littérale, et qui n'ont pas leur équivalent dans le grec.

Enfin, les mots placés entre parenthèses, dans le français, doivent être considérés comme une seconde explication, plus intelligible que la version littérale.

ARGUMENT ANALYTIQUE

ΑΡΙΣΤΟΤΕΛΟΥΣ

ΗΘΙΚΩΝ ΝΙΚΟΜΑΧΕΙΩΝ Θ

I. Μετὰ δὲ ταῦτα¹ περὶ φιλίας ἔποιτ' ἂν διελθεῖν. Ἔστι γὰρ ἀρετή τις ἢ μετ' ἀρετῆς, ἔτι δ' ἀναγκαιότατον εἰς τὸν βίον. Ἄνευ γὰρ φίλων οὐδεὶς ἕλοιτ' ἂν ζῆν, ἔχων τὰ λοιπὰ ἀγαθὰ πάντα (καὶ γὰρ πλουτοῦσιν, καὶ ἀρχὰς καὶ δυναστείας κεκτημένοις, δοκεῖ φίλων μάλιστ' εἶναι χρεία· τί γὰρ ὄφελος τῆς τοιαύτης εὐετηρίας, ἀφαιρεθείσης εὐεργεσίας, ἢ γίνεται μάλιστα καὶ ἐπαινετωτάτη πρὸς φίλους; ἢ πῶς ἂν τηρηθείη καὶ σῴζοιτο ἄνευ φίλων; Ὅσῳ γὰρ πλείων, τοσούτῳ ἐπισφαλεστέρα)· ἐν πενίᾳ τε καὶ ταῖς λοιπαῖς δυστυχίαις μόνην οἴονται καταφυγὴν εἶναι τοὺς φίλους· καὶ νέοις

I. Maintenant il serait à propos de traiter de l'amitié; car elle est une sorte de vertu ou unie à la vertu. En outre elle est très nécessaire à la vie humaine; car il n'est personne qui consentît à vivre sans amis, dût-il posséder tous les autres biens; et en effet c'est surtout quand on est riche, qu'on exerce une magistrature ou un pouvoir héréditaire, qu'il semble qu'on ait besoin d'amis: car, à quoi sert cette abondance de biens, si l'on ne peut pratiquer la bienfaisance, qui s'exerce principalement et le plus louablement à l'égard des amis? D'ailleurs comment entretenir et conserver tous ces biens sans amis? car plus une situation est belle, plus elle est critique. De plus, dans la pauvreté ou dans toute autre infortune il semble qu'il n'y ait de refuge qu'auprès des amis. En outre, jeune, l'amitié vous ga-

ARISTOTE

MORALE A NICOMAQUE

LIVRE VIII.

I. Μετὰ δὲ ταῦτα	I. Or après cela
ἕποιτο ἂν	il serait-conséquent
διελθεῖν περὶ φιλίας.	de discourir sur l'amitié.
Ἔστι γὰρ	Car elle est
τις ἀρετὴ	une certaine (une sorte de) vertu
ἢ μετὰ ἀρετῆς,	ou avec la vertu, [nécessaire
ἔτι δὲ ἀναγκαιότατον	et en outre *elle est* chose très-
εἰς τὸν βίον.	pour la vie.
Οὐδεὶς γὰρ ἕλοιτο ἂν	Car personne ne choisirait
ζῆν ἄνευ φίλων,	de vivre sans amis,
ἔχων	*tout en* ayant
πάντα τὰ λοιπὰ ἀγαθά	tous les autres biens
(καὶ γὰρ χρεία φίλων	(et en effet besoin d'amis
δοκεῖ εἶναι μάλιστα	paraît être surtout
πλουτοῦσι,	à *ceux* étant-riches,
καὶ κεκτημένοις	et à *ceux* possédant
ἀρχὰς καὶ δυναστείας·	magistratures et pouvoirs :
τί γὰρ ὄφελος	car quelle utilité
τῆς εὐετηρίας τοιαύτης,	de la bonne-récolte telle,
εὐεργεσίας ἀφαιρεθείσης,	la bienfaisance étant retranchée,
ἢ γίνεται μάλιστα	laquelle a-lieu surtout
καὶ ἐπαινετωτάτη	et très louable
πρός φίλους;	envers *les* amis ?
ἢ πῶς τηρηθείη ἂν	ou comment serait-elle conservée
καὶ σώζοιτο ἄνευ φίλων;	et serait-elle gardée sans amis?
Τοσούτῳ γὰρ	Car *elle est* d'autant
ἐπισφαλεστέρα,	plus hasardeuse,
ὅσῳ πλείων)·	qu'elle est plus grande) :
ἐν πενίᾳ τε	et dans la pauvreté
καὶ ταῖς λοιπαῖς δυστυχίαις	et les autres infortunes
οἴονται τοὺς φίλους εἶναι	on pense les amis être
μόνην καταφυγήν·	le seul refuge;
καὶ βοηθείας	et *être* des secours
νέοις δὲ	aux jeunes-gens d'ailleurs

δὲ πρὸς τὸ ἀναμάρτητον ¹ καὶ πρεσβυτέροις πρὸς θερα-
πείαν καὶ τὸ ἐλλεῖπον τῆς πράξεως δι' ἀσθένειαν βοηθείας ², τοῖς τε ἐν ἀκμῇ πρὸς τὰς καλὰς πράξεις·

σύν τε δύ' ἐρχομένω ³.

Καὶ γὰρ νοῆσαι καὶ πρᾶξαι δυνατώτεροι.

Φύσει τε ἐνυπάρχειν ἔοικεν πρὸς τὸ γεγεννημένον τῷ
γεννήσαντι [καὶ πρὸς τὸ γεννῆσαν τῷ γεννηθέντι ⁴], οὐ
μόνον ἐν ἀνθρώποις, ἀλλὰ καὶ ἐν ὄρνισι καὶ τοῖς πλεί-
στοις τῶν ζῴων, καὶ τοῖς ὁμοεθνέσι πρὸς ἄλληλα, καὶ
μάλιστα τοῖς ἀνθρώποις, ὅθεν τοὺς φιλανθρώπους ἐπαινοῦμεν. Ἴδοι δ' ἄν τις καὶ ἐν ταῖς πλάναις⁵ ὡς οἰκεῖον
ἅπας ἄνθρωπος ἀνθρώπῳ καὶ φίλον.

Ἔοικεν δὲ καὶ τὰς πόλεις συνέχειν ἡ φιλία, καὶ οἱ
νομοθέται μᾶλλον περὶ αὐτὴν σπουδάζειν ἢ τὴν δικαιο-
σύνην· ἡ γὰρ ὁμόνοια ὅμοιόν τι τῇ φιλίᾳ ἔοικεν εἶναι,
ταύτης δὲ μάλιστα ἐφίενται, καὶ τὴν στάσιν ἔχθραν
οὖσαν μάλιστα ἐξελαύνουσιν. Καὶ φίλων μὲν ὄντων⁶ οὐδὲν

rantit des fautes; vieux, elle vient en aide pour vous assurer des soins et suppléer à ce que la faiblesse de l'âge ne permet pas d'exécuter; dans l'âge mûr, elle est une auxiliaire pour les belles actions : *deux hommes qui marchent unis* valent mieux pour concevoir et pour agir.

La nature semble avoir inspiré ce sentiment à l'être qui met au monde pour l'être dont il est l'auteur [et à l'être mis au monde pour l'être qui est son auteur], et cela non seulement chez les hommes, mais encore chez les oiseaux et la plupart des animaux; [elle l'inspire] aussi aux êtres de même espèce les uns pour les autres, surtout aux hommes, et c'est pourquoi nous louons ceux qui aiment leurs semblables. On peut voir en particulier dans les voyages combien l'homme est familier et ami à l'homme.

Il semble aussi que l'amitié soit le lien d'un État, et les législateurs s'en préoccupent plus que de la justice; car la concorde paraît avoir quelque chose de semblable à l'amitié : c'est elle qu'ils aspirent surtout [à établir], tandis qu'ils s'efforcent surtout de bannir la discorde comme une sorte d'inimitié. D'ailleurs, quand les gens sont amis, il n'est pas besoin de justice:

πρὸς τὸ ἀναμάρτητον	pour l'innocence
καὶ πρεσβυτέροις	et aux plus vieux
πρὸς θεραπείαν	pour le soin
καὶ τὸ ἐλλεῖπον τῆς πράξεως	et l'insuffisance de l'action
διὰ ἀσθένειαν,	à cause de la faiblesse, [l'âge
τοῖς τε ἐν ἀκμῇ	et à ceux *étant* dans la force-de-
πρὸς τὰς καλὰς πράξεις·	pour les belles actions ;
δύο τε ἐρχομένω σύν.	et deux *hommes* allant ensemble.
Καὶ γὰρ δυνατώτεροι	Et en effet *ils sont* plus capables
νοῆσαι καὶ πρᾶξαι.	de concevoir et d'agir.
Ἔοικέν τε	Et elle (l'amitié) semble
ἐνυπάρχειν φύσει	exister naturellement
τῷ γεννήσαντι	chez l'*être* ayant enfanté
πρὸς τὸ γεγεννημένον	pour l'*être* enfanté
καὶ τῷ γεννηθέντι	et chez l'*être* enfanté
πρὸς τὸ γεννῆσαν,	pour l'*être* ayant enfanté,
οὐ μόνον ἐν ἀνθρώποις,	non seulement chez les hommes,
ἀλλὰ καὶ ἐν ὄρνισι	mais encore chez les oiseaux
καὶ τοῖς πλείστοις τῶν ζῴων,	et la plupart des animaux,
καὶ τοῖς ὁμοεθνέσι	et chez les *êtres* de-même-espèce
πρὸς ἄλληλα,	les uns envers les autres,
καὶ μάλιστα τοῖς ἀνθρώποις,	et surtout chez les hommes,
ὅθεν ἐπαινοῦμεν	d'où nous louons
τοὺς φιλανθρώπους.	ceux qui-aiment-les-hommes.
Τίς δὲ ἴδοι ἂν	D'ailleurs on verrait (on peut voir)
καὶ ἐν ταῖς πλάναις	aussi dans les voyages
ὡς ἅπας ἄνθρωπος	comme tout homme
οἰκεῖον καὶ φίλον	*est un être* familier et ami
ἀνθρώπῳ.	pour l'homme.
Ἡ δὲ φιλία ἔοικεν	D'autre part l'amitié semble
καὶ συνέχειν τὰς πόλεις,	aussi contenir les villes,
καὶ οἱ νομοθέται	et les législateurs *semblent*
σπουδάζειν μᾶλλον περὶ αὐτὴν	s'intéresser plus à elle
ἢ τὴν δικαιοσύνην·	qu'à la justice ;
ἡ γὰρ ὁμόνοια	car la concorde
ἔοικεν εἶναί τι	semble être quelque chose
ὅμοιον τῇ φιλίᾳ,	semblable à l'amitié,
ἐφίενται δὲ μάλιστα	or ils désirent le plus
ταύτης,	celle-là (la concorde),
καὶ ἐξελαύνουσιν μάλιστα	et ils chassent le plus
τὴν στάσιν οὖσαν ἐχθράν.	la discorde étant ennemie.
Καὶ ὄντων μὲν φίλων	Et d'une part étant amis
δεῖ οὐδὲν δικαιοσύνης,	il n'est-besoin en rien de justice.
ὄντες δὲ δίκαιοι	d'autre part étant justes

δεῖ δικαιοσύνης, δίκαιοι δ' ὄντες προσδέονται φιλίας, καὶ τῶν δικαίων τὸ μάλιστα φιλικὸν εἶναι δοκεῖ.

Οὐ μόνον δ' ἀναγκαῖόν ἐστιν, ἀλλὰ καὶ καλόν· τοὺς γὰρ φιλοφίλους ἐπαινοῦμεν, ἥ τε πολυφιλία δοκεῖ τῶν καλῶν ἕν τι εἶναι, καὶ ἔνιοι τοὺς αὐτοὺς οἴονται ἄνδρας ἀγαθοὺς εἶναι καὶ φίλους.

Διαμφισβητεῖται δὲ περὶ αὐτῆς οὐκ ὀλίγα. Οἱ μὲν γὰρ ὁμοιότητά τινα τιθέασιν αὐτὴν καὶ τοὺς ὁμοίους φίλους, ὅθεν τὸν ὅμοιόν φασιν ὡς τὸν ὅμοιον[1], καὶ κολοιὸν ποτὶ κολοιόν[2], καὶ τὰ τοιαῦτα· οἱ δ' ἐξ ἐναντίας κεραμεῖς[3] πάντας τοὺς τοιούτους ἀλλήλοις φασὶν εἶναι. Καὶ περὶ αὐτῶν τούτων ἀνώτερον ἐπιζητοῦσιν καὶ φυσικώτερον, Εὐριπίδης[4] μὲν φάσκων ἐρᾶν μὲν ὄμβρου γαῖαν ξηρανθεῖσαν, ἐρᾶν δὲ σεμνὸν οὐρανὸν πληρούμενον ὄμβρου πεσεῖν ἐς γαῖαν, καὶ Ἡράκλειτος τὸ ἀντίζουν

mais, avec la justice, il est encore besoin de l'amitié, et, entre toutes les espèces de justice, celle qui a encore le plus le caractère de la justice semble tenir de l'amitié.

Mais l'amitié n'est pas seulement nécessaire, elle est encore quelque chose de beau, et quelques-uns pensent que les gens de bien sont en même temps de bons amis.

Cependant il s'élève au sujet de l'amitié bien des discussions. Les uns la font consister dans une sorte de ressemblance et soutiennent que ceux qui se ressemblent s'aiment, d'où ces locutions proverbiales: Qui se ressemble s'assemble. Le geai vient se percher à côté du geai, et autres semblables. Les autres, au contraire, disent que tous ceux qui sont dans ce cas sont les uns pour les autres le potier [d'Hésiode]. D'autres, remontant plus haut, s'élèvent à des considérations qui sont du domaine de la science de la nature, comme Euripide qui dit que la terre desséchée est amoureuse de la pluie et que le majestueux Uranus, quand il est chargé de pluie, brûle de se précipiter dans le sein de la terre; Héraclite veut que le contraire concoure [avec

προσδέονται	ils ont (on a) besoin-en-outre
φιλίας·	d'amitié;
καὶ τῶν δικαίων	et des choses justes
τὸ μάλιστα	ce *qui l'est* le-plus [tié).
δοκεῖ εἶναι φιλικόν.	paraît être amical (tenir de l'ami-
Ἔστι δὲ	D'autre part elle (l'amitié) est
οὐ μόνον ἀναγκαῖον,	non seulement chose nécessaire,
ἀλλὰ καὶ καλόν·	mais encore belle;
ἐπαινοῦμεν γὰρ	car nous louons
τοὺς φιλοφίλους,	ceux qui-aiment-leurs-amis,
ἥ τε πολυφιλία	et le grand-nombre-d'amis
δοκεῖ εἶναι	paraît être
ἕν τι τῶν καλῶν,	une chose d'entre les belles,
καὶ ἔνιοι οἴονται	et quelques-uns pensent
τοὺς αὐτοὺς εἶναι	les mêmes être
ἄνδρας ἀγαθοὺς καὶ φίλους.	hommes bons et amis *bons*.
Διαμφισβητεῖται δὲ	D'autre part il est discuté
περὶ αὐτῆς	sur elle
οὐκ ὀλίγα.	non peu.
Οἱ μὲν γὰρ τιθέασιν αὐτήν	Car les uns définissent elle
τινα ὁμοιότητα	une (une sorte de) ressemblance
καὶ τοὺς ὁμοίους	et *définissent* les semblables
φίλους,	des amis,
ὅθεν φασὶν	d'où l'on dit
τὸν ὅμοιον ὡς τὸν ὅμοιον,	le semblable vers le semblable,
καὶ κολοιὸν	et le geai
ποτὶ κολοιόν,	près du geai,
καὶ τὰ τοιαῦτα·	et les *adages* tels;
οἱ δὲ ἐξ ἐναντίας φασὶν	les autres au contraire disent
πάντας τοὺς τοιούτους	tous ceux tels (étant semblables)
εἶναι κεραμεῖς	être des potiers
ἀλλήλοις.	les uns-pour-les-autres.
Καὶ περὶ τούτων αὐτῶν	Et sur ces *questions* mêmes
ἐπιζητοῦσιν	recherchent
ἀνώτερον	d'une *manière* plus élevée
καὶ φυσικώτερον,	et plus naturelle,
Εὐριπίδης μὲν φάσκων	Euripide d'une part prétendant
γαῖαν μὲν ξηρανθεῖσαν	la terre d'un côté desséchée
ἐρᾶν ὄμβρου,	être-amoureuse de la pluie,
οὐρανὸν δὲ σεμνὸν	d'un autre côté le ciel **majestueux**
πληρούμενον ὄμβρου	rempli de pluie [terre,
ἐρᾶν πεσεῖν ἐς γαῖαν,	être-désireux de tomber dans la
καὶ Ἡράκλειτος	et Héraclite *disant*
τὸ ἀντίξουν	le contraire

συμφέρον, καὶ ἐκ τῶν διαφερόντων καλλίστην ἁρμονίαν, καὶ πάντα κατ᾽ ἔριν γίνεσθαι· ἐξ ἐναντίας δὲ τούτοις ἄλλοι τε καὶ Ἐμπεδοκλῆς· τὸ γὰρ ὅμοιον τοῦ ὁμοίου ἐφίεσθαι. Τὰ μὲν οὖν φυσικὰ τῶν ἀπορημάτων ἀφείσθω (οὐ γὰρ οἰκεῖα τῆς παρούσης σκέψεως)· ὅσα δέ ἐστιν ἀνθρωπικά, καὶ ἀνήκει εἰς τὰ ἤθη καὶ τὰ πάθη, ταῦτα ἐπισκεψώμεθα, οἷον πότερον ἐν πᾶσιν γίνεται φιλία ἢ οὐχ οἷόν τε μοχθηροὺς ὄντας φίλους εἶναι, καὶ πότερον ἓν εἶδος τῆς φιλίας ἐστὶν ἢ πλείω. Οἱ μὲν γὰρ ἓν οἰόμενοι, ὅτι ἐπιδέχεται τὸ μᾶλλον καὶ τὸ ἧττον, οὐχ ἱκανῷ πεπιστεύκασι σημείῳ· δέχεται γὰρ τὸ μᾶλλον καὶ τὸ ἧττον καὶ τὰ ἕτερα τῷ εἴδει. Εἴρηται δ᾽ ὑπὲρ αὐτῶν ἔμπροσθεν [1].

11. Τάχα δ᾽ ἂν γένοιτο περὶ αὐτῶν [2] φανερόν, γνωρισθέντος τοῦ φιλητοῦ· δοκεῖ γὰρ οὐ πᾶν φιλεῖσθαι,

son contraire], que la plus belle harmonie vienne de la diversité et que toutes choses naissent de la discorde. D'autres, au contraire, et parmi eux Empédocle, disent que le semblable recherche son semblable. Laissons donc de côté ces discussions qui appartiennent à la science de la nature et ne sont pas de notre sujet. Considérons seulement ce qui se rapporte à la nature humaine, à nos mœurs et à nos passions, par exemple s'il peut y avoir amitié entre des gens quels qu'ils soient, ou s'il est impossible que des hommes vicieux soient amis, s'il n'y a qu'une espèce d'amitié, ou s'il y en a plusieurs. Ceux qui pensent qu'il n'y en a qu'une espèce, parce qu'elle est susceptible de plus et de moins, ne s'en rapportent pas à un indice suffisamment probant; car les choses spécifiquement différentes sont aussi susceptibles de plus et de moins. Mais nous en avons parlé précédemment.

II. Peut-être verra-t-on clair en ces questions, après avoir reconnu ce qui est aimable; car il semble qu'on n'aime pas

συμφέρον;	*être* concourant *à son contraire*,
καὶ καλλίστην ἁρμονίαν	et la plus belle harmonie
ἐκ τῶν διαφερόντων,	*naître* des choses différentes,
καὶ πάντα γίνεσθαι	et toutes choses naître
κατὰ ἔριν·	en vertu de la discorde; [ci
ἐξ ἐναντίας δὲ τούτοις	d'autre part contrairement à ceux-
ἄλλοι τε	*parlent* et d'autres
καὶ Ἐμπεδοκλῆς·	et Empédocle;
τὸ γὰρ ὅμοιον	car *ils disent* le semblable
ἐφίεσθαι τοῦ ὁμοίου.	désirer son semblable.
Τὰ μὲν οὖν φυσικὰ	D'une part donc que les naturelles
τῶν ἀπορημάτων	de ces controverses
ἀφείσθω	soient laissées-de-côté
(οὐ γὰρ οἰκεῖα	(car elles ne *sont* pas propres
τῆς σκέψεως παρούσης)·	à l'examen présent); [ses,
ἐπισκεψώμεθα δὲ ταῦτα,	d'autre part examinons ces cho-
ὅσα ἐστὶν ἀνθρωπικά,	toutes-celles-qui sont humaines,
καὶ ἀνήκει	et ont-rapport
εἰς τὰ ἤθη καὶ τὰ πάθη,	aux mœurs et aux passions,
οἷον πότερον	comme *par exemple* si
φιλία γίνεται ἐν πᾶσιν	l'amitié naît dans tous
ἢ οὐχ οἷόν τε	ou s'*il n'est* pas possible
ὄντας μοχθηροὺς	des *hommes* étant méchants
εἶναι φίλους,	être amis,
καὶ πότερον	et si
ἓν εἶδος φιλίας ἔστιν	une seule forme d'amitié existe
ἢ πλείω.	ou plusieurs.
Οἱ μὲν γὰρ οἰόμενοι	Car ceux pensant
ἕν,	une seule *forme exister*,
ὅτι ἐπιδέχεται	parce qu'elle admet
τὸ μᾶλλον καὶ τὸ ἧττον,	le plus et le moins,
πεπιστεύκασι	ont cru
σημείῳ οὐχ ἱκανῷ·	à un indice non suffisant;
τὰ γὰρ καὶ ἕτερα	car les choses même différentes
τῷ εἴδει	par l'espèce
δέχεται τὸ μᾶλλον	admettent le plus
καὶ τὸ ἧττον.	et le moins.
Εἴρηται δὲ ἔμπροσθεν	Mais il a été parlé précédemment
περὶ αὐτῶν.	sur ces *questions*.
II. Ταχὰ δὲ γένοιτο ἂν	II. Mais peut-être serait-il
φανερὸν περὶ αὐτῶν,	évident sur elles
τοῦ φιλητοῦ γνωρισθέντος·	l'aimable ayant été reconnu;
οὐ γὰρ πᾶν δοκεῖ	car non tout paraît

ἀλλὰ τὸ φιλητόν, τοῦτο δ' εἶναι ἀγαθὸν ἢ ἡδὺ ἢ χρήσιμον. Δόξειε δ' ἂν χρήσιμον εἶναι, δι' οὗ γίνεται ἀγαθόν
τι ἢ ἡδονή, ὥστε φιλητὰ ἂν εἴη τἀγαθόν τε καὶ τὸ ἡδὺ
ὡς τέλη.

Πότερον οὖν τἀγαθὸν φιλοῦσιν ἢ τὸ αὑτοῖς ἀγαθόν;
διαφωνεῖ γὰρ ἐνίοτε ταῦτα. Ὁμοίως δὲ καὶ περὶ τὸ
ἡδύ. Δοκεῖ δὲ τὸ αὑτῷ ἀγαθὸν φιλεῖν ἕκαστος, καὶ
εἶναι ἁπλῶς μὲν τὸ ἀγαθὸν φιλητόν, ἑκάστῳ δὲ τὸ
ἑκάστῳ. Φιλεῖ δὲ ἕκαστος οὐ τὸ ὂν αὑτῷ ἀγαθόν, ἀλλὰ
τὸ φαινόμενον. Διοίσει δ' οὐδέν· ἔσται γὰρ τὸ φιλητὸν
φαινόμενον.

Τριῶν δὴ ὄντων δι' ἃ φιλοῦσιν, ἐπὶ μὲν τῇ τῶν ἀψύ-
χων φιλήσει οὐ λέγεται φιλία. Οὐ γὰρ ἔστιν ἀντιφίλησις,
οὐδὲ βούλησις ἐκείνων ἀγαθοῦ (γελοῖον γὰρ ἴσως τῷ
οἴνῳ βούλεσθαι τἀγαθά· ἀλλ' εἴπερ[1], σώζεσθαι βούλε-

toute chose indifféremment, mais seulement ce qui est aimable, et ce qui est aimable est bon, ou agréable, ou utile. On
pourrait regarder comme utile ce qui procure quelque bien ou
quelque plaisir; en sorte que le bon et l'agréable seraient ai-
mables comme fins.

Aimons-nous le bon en soi ou ce qui est bon pour nous? Ce
n'est pas toujours la même chose. On peut poser la même
question au sujet de l'agréable. Il semble que chacun aime ce
qui lui est bon, et que ce qui lui est bon en soi soit aimable absolument, tandis que ce qui est bon pour chacun est aimable
pour chacun. Or chacun aime non point ce qui lui est bon, mais
ce qui lui parait tel. Il n'en sera pas autrement de l'aimable; ce
qui paraîtra aimable à chacun sera aussi aimable pour lui.

Il y a donc trois motifs qui font aimer. Or on ne se sert pas
du mot amitié en parlant du goût que nous avons pour les choses inanimées; en effet, elles n'ont point, à leur tour, de goût
pour nous, et nous ne leur voulons pas du bien : il est sans
doute ridicule de vouloir du bien au vin; et si on lui veut
du bien, c'est qu'il se conserve pour qu'on en fasse usage.

φιλεῖσθαι,	être aimé,
ἀλλὰ τὸ φιλητόν,	mais l'aimable,
τοῦτο δὲ εἶναι	et cela (l'aimable) *paraît* être
ἀγαθὸν ἢ ἡδὺ	bon ou agréable
ἢ χρήσιμον.	ou utile.
Δόξειε δὲ ἂν	Or *cela* paraîtrait
εἶναι χρήσιμον,	être utile,
διὰ οὗ γίνεταί	par quoi naît
τι ἀγαθὸν ἢ ἡδονή,	quelque bien ou quelque plaisir,
ὥστε τὸ ἀγαθόν τε	de sorte que et le bon
καὶ τὸ ἡδὺ	et l'agréable
εἴη ἂν φιλητὰ	seraient aimables
ὡς τέλη.	comme fins.
Πότερον οὖν	Est-ce-que donc
φιλοῦσι τὸ ἀγαθὸν	ils aiment (on aime) le bon
ἢ τὸ ἀγαθὸν αὐτοῖς;	ou le bon pour eux-mêmes ?[fois.
ταῦτα γὰρ διαφωνεῖ ἐνίοτε.	car ces choses diffèrent quelque-
Ὁμοίως δὲ καὶ	D'autre part *il en est* semblable-
περὶ τὸ ἡδύ.	touchant l'agréable. [ment aussi
Ἕκαστος δὲ δοκεῖ φιλεῖν	Or chacun paraît aimer
τὸ ἀγαθὸν ἑαυτῷ,	le bon pour lui-même,
καὶ τὸ ἀγαθὸν μὲν	et le bon d'une part
εἶναι φιλητὸν ἁπλῶς,	*paraît* être aimable absolument,
τὸ δὲ ἑκάστῳ	d'autre part le *bon* pour chacun
ἑκάστῳ.	*être aimable* pour chacun.
Ἕκαστος δὲ φιλεῖ	Or chacun aime [même,
οὐ τὸ ὂν ἀγαθὸν αὐτῷ,	non la chose étant bonne pour lui-
ἀλλὰ τὸ φαινόμενον.	mais celle paraissant *l'être.*
Διοίσει δὲ οὐδέν·	Et *cela* ne différera en rien;
τὸ γὰρ φαινόμενον	car la chose paraissant *à chacun*
φιλητὸν	aimable
ἔσται.	sera *aimable pour chacun.*
Τριῶν δὴ ὄντων	Trois *motifs* donc étant
δι' ἃ φιλοῦσιν,	pour lesquels on aime,
ἐπὶ μὲν τῇ φιλήσει	d'une part relativement au goût
τῶν ἀψύχων	des (pour les) choses inanimées
φιλία οὐ λέγεται.	amitié n'est pas dite.
Οὐ γάρ ἐστιν ἀντιφίλησις,	Car il n'y a pas goût-réciproque,
οὐδὲ βούλησις ἀγαθοῦ ἐκείνων	ni désir du bien de celles-ci
(ἴσως γὰρ γελοῖον	(car peut-être *serait-il* ridicule
βούλεσθαι τὰ ἀγαθὰ	de vouloir les biens (du bien)
οἴνῳ·	au vin; [*au vin,*
ἀλλὰ εἴπερ,	mais si *quelqu'un veut du bien*
βούλεται αὐτὸν σῴζεσθαι,	il veut lui (le vin) se garder,

ται αὐτόν, ἵνα αὐτὸς ἔχη)· τῷ δὲ φίλῳ φασὶ δεῖν βούλεσθαι τἀγαθὰ ἐκείνου ἕνεκα. Τοὺς δὲ βουλομένους οὕτω
τἀγαθὰ εὔνους λέγουσιν, ἐὰν μὴ τὸ αὐτὸ καὶ παρ' ἐκείνου γίνηται· εὔνοιαν γὰρ ἐν ἀντιπεπονθόσιν φιλίαν
εἶναι. Ἢ προσθετέον μὴ λανθάνουσαν; πολλοὶ γάρ εἰσιν
εὖνοι οἷς οὐχ ἑωράκασιν, ὑπολαμβάνουσι δὲ ἐπιεικεῖς
εἶναι ἢ χρησίμους· τοῦτο δὲ τὸ αὐτὸ κἂν ἐκείνων τις
πάθοι πρὸς τοῦτον. Εὖνοι μὲν οὖν οὗτοι φαίνονται ἀλλή-
λοις· φίλους δὲ πῶς ἄν τις εἴποι λανθάνοντας ὡς ἔχουσιν
ἑαυτοῖς; δεῖ ἄρα εὐνοεῖν ἀλλήλοις, καὶ βούλεσθαι τὰ-
γαθὰ μὴ λανθάνοντας, δι' ἕν τι τῶν εἰρημένων.

III. Διαφέρει δὲ ταῦτα ἀλλήλων εἴδει· καὶ αἱ φιλήσεις ἄρα καὶ αἱ φιλίαι. Τρία δὴ τὰ τῆς φιλίας εἴδη,
ἰσάριθμα τοῖς φιλητοῖς· καθ' ἕκαστον γάρ ἐστιν ἀντι-

Mais on dit qu'il faut vouloir du bien à un ami pour lui-même.
Or ceux qui veulent ainsi du bien [à un autre] sont appelés bienveillants, si celui qui est l'objet de leur bienveillance n'a
pas pour eux le même sentiment; car la bienveillance entre
personnes qui se portent réciproquement le même sentiment,
est l'amitié. Peut-être faut-il encore ajouter que cette bienveillance doit être connue des deux parts. On est souvent
bienveillant pour des gens qu'on n'a pas vus, mais qu'on suppose
honnêtes ou utiles; et l'un de ceux-là peut à son tour éprouver
les mêmes sentiments pour celui [à qui il les inspire]. Ils sont
évidemment bienveillants l'un pour l'autre, mais peut-on dire
qu'ils soient amis, quand ils ne connaissent pas leurs sentiments
réciproques? [Les amis] doivent donc être bienveillants l'un
pour l'autre, se vouloir du bien pour l'un des trois motifs
énoncés, et non à l'insu l'un de l'autre.

III. Or ces motifs sont spécifiquement différents, et par conséquent les goûts aussi et les amitiés. Il y a donc trois espèces
d'amitiés, autant que d'espèces de ce qui est aimable; car chacune d'elles comporte une réciprocité de sentiments connue de

ἵνα αὐτὸς ἔχῃ)·
afin que lui-même *l*'ait);

φασὶ δὲ δεῖν
mais on dit qu'il faut

βούλεσθαι τὰ ἀγαθὰ
vouloir les biens (du bien)

τῷ φίλῳ
à son ami

ἕνεκα ἐκείνου.
dans l'intérêt de lui.

Λέγουσι δὲ εὔνους
Or on appelle bienveillants

τοὺς βουλομένους οὕτω
ceux voulant ainsi

τὰ ἀγαθά,
les biens (du bien),

ἐὰν τὸ αὐτὸ μὴ γίνηται
si le même *sentiment* n'est pas

καὶ παρὰ ἐκείνου·
aussi de la part de l'autre;

εὔνοιαν γὰρ
car *on dit* la bienveillance

ἐν ἀντιπεπονθόσιν
entre *gens* ayant éprouvé-la-ré-

εἶναι φιλίαν.
être de l'amitié. [ciprocité

Ἢ προσθετέον
Est-ce qu'il faut ajouter [chée?

μὴ λανθάνουσαν;
une bienveillance n'étant pas ca-

πολλοὶ γάρ εἰσιν εὔνοι
car beaucoup sont bienveillants

οἷς οὐχ ἑωράκασιν,
pour *ceux* qu'ils n'ont pas vus,

ὑπολαμβάνουσι δὲ εἶναι
mais supposent être

ἐπιεικεῖς ἢ χρησίμους·
honnêtes ou utiles;

τὶς δὲ ἐκείνων
or quelqu'un de ceux-là [*timent*

πάθοι ἂν τοῦτο τὸ αὐτὸ
pourrait éprouver ce même *sen-*

πρὸς τοῦτον.
pour celui *auquel il l'inspire.*

Οὗτοι μὲν οὖν
Ceux-ci d'une part donc

φαίνονται
se montrent [autres;

εὖνοι ἀλλήλοις·
bienveillants les-uns-pour-les-

πῶς δέ τις ἂν εἴποι
mais comment appellerait-on

φίλους
amis

λανθάνοντας ὡς
eux ignorant comment

ἔχουσιν ἑαυτοῖς;
ils sont pour eux-mêmes.

Δεῖ ἄρα εὐνοεῖν
Il faut donc être-bienveillant

ἀλλήλοις,
l'un-pour-l'autre,

καὶ βούλεσθαι τὰ ἀγαθὰ
et *se* vouloir les biens (du bien)

διὰ ἕν τι τῶν εἰρημένων
pour quelqu'un des *motifs* énoncés

μὴ λανθάνοντας.
ne *l*'ignorant pas.

III. Ταῦτα δὲ
III. Or ces *motifs* [l'espèce;

διαφέρει ἀλλήλων εἴδει·
diffèrent les-uns-des-autres par

καὶ αἱ φιλήσεις ἄρα
ainsi-que les goûts conséquem-

καὶ αἱ φιλίαι.
et les amitiés. [ment

Τρία δὴ
Trois donc *sont*

τὰ εἴδη τῆς φιλίας,
les espèces de l'amitié, [mables;

ἰσάριθμα τοῖς φιλητοῖς·
égales-en-nombre aux choses ai-

κατὰ γὰρ ἕκαστον
car pour chacune *de ces espèces*

ἔστιν ἀντιφίλησις
est une réciprocité-de-goût

φίλησις οὐ λανθάνουσα. Οἱ δὲ φιλοῦντες ἀλλήλους βούλονται τἀγαθὰ ἀλλήλοις ταύτῃ ᾗ φιλοῦσιν. Οἱ μὲν οὖν
διὰ τὸ χρήσιμον φιλοῦντες ἀλλήλους οὐ καθ' αὑτοὺς
φιλοῦσιν, ἀλλ' ᾗ γίνεταί τι αὐτοῖς παρ' ἀλλήλων ἀγα-
θόν· ὁμοίως δὲ καὶ οἱ δι' ἡδονήν. Οὐ γὰρ τῷ ποιούς
τινας εἶναι ἀγαπῶσι τοὺς εὐτραπέλους[1], ἀλλ' ὅτι ἡδεῖς
αὐτοῖς. Οἵ τε δὴ διὰ τὸ χρήσιμον φιλοῦντες διὰ τὸ
αὐτοῖς ἀγαθὸν στέργουσι, καὶ οἱ δι' ἡδονὴν διὰ τὸ αὐτοῖς
ἡδύ, καὶ οὐχ ᾗ ὁ φιλούμενός ἐστιν <ὅσπερ ἐστίν[2]>, ἀλλ'
ᾗ χρήσιμος ἢ ἡδύς. Κατὰ συμβεβηκός[3] τε δὴ αἱ φιλίαι
αὗται εἰσίν· οὐ γὰρ ᾗ ἔστιν ὅσπερ ἐστὶν ὁ φιλούμενος,
ταύτῃ φιλεῖται, ἀλλ' ᾗ πορίζουσιν οἱ μὲν ἀγαθόν τι, οἱ
δ' ἡδονήν. Εὐδιάλυτοι δὴ αἱ τοιαῦταί εἰσιν, μὴ διαμε-
νόντων αὐτῶν ὁμοίων· ἐὰν γὰρ μηκέτι ἡδεῖς ἢ χρήσιμοι

ceux qui l'éprouvent. Ceux qui ont un attachement mutuel se
veulent du bien par le motif qui détermine leur attachement.
Par conséquent ceux qui s'aiment en vue de l'utile ne s'aiment
pas pour eux-mêmes, mais en raison du bien qui peut revenir
à chacun d'eux de la part de l'autre. De même ceux qui s'aiment en vue du plaisir; car ce n'est pas pour leurs qualités
personnelles qu'on aime les gens enjoués, mais pour l'agrément qu'ils vous procurent. Donc ceux qui aiment en vue de
l'utile aiment à cause de ce qui leur est bon, ceux qui aiment
en vue du plaisir aiment à cause de ce qui leur est agréable,
non en tant que celui qu'ils aiment est ce qu'il est, mais en
tant qu'il est utile ou agréable. D'où il suit que ces amitiés ne
sont amitiés que par accident, puisque celui qui est aimé n'est
pas aimé en tant qu'il est ce qu'il est, mais en tant qu'il procure ou du bien ou du plaisir. Il en résulte que de telles amitiés se dissolvent facilement, si les amis ne demeurent pas les
mêmes; quand celui qui est aimé n'est plus agréable ou utile,

οὐ λανθάνουσα.	non latente. [tres
Οἱ δὲ φιλοῦντες ἀλλήλους	Or ceux s'aimant les uns-les-au-
βούλονται τὰ ἀγαθὰ	veulent les biens (du bien)
ἀλλήλοις	les uns pour-les-autres
ταύτῃ ᾗ φιλοῦσιν.	par ce *motif* par lequel ils aiment.
Οἱ μὲν οὖν	Ceux d'une part donc
φιλοῦντες ἀλλήλους	s'aimant les-uns-les-autres
διὰ τὸ χρήσιμον	à cause de l'utile [mêmes,
οὐ φιλοῦσιν κατὰ αὐτούς,	ne s'aiment pas en (pour) eux-
ἀλλὰ ᾗ τι ἀγαθὸν	mais en tant que quelque bien
γίνεται αὐτοῖς	naît pour eux [tres;
παρὰ ἀλλήλων·	de la-part des-uns-pour-les-au-
ὁμοίως δὲ καὶ	et semblablement aussi [sir.
οἱ διὰ ἡδονήν.	ceux *qui s'aiment* à cause du plai-
Οὐ γὰρ ἀγαπῶσι	Car ils n'affectionnent pas
τοὺς εὐτραπέλους	les *gens* enjoués
τῷ εἶναι ποιούς τινας,	pour le être tels-ou-tels, [à eux.
ἀλλὰ ὅτι ἡδεῖς αὐτοῖς.	mais parce qu'ils *sont* agréables
Οἵ τε δὴ φιλοῦντες	Et ceux donc qui aiment
διὰ τὸ χρήσιμον	à cause de l'utile
στέργουσιν	chérissent [eux-mêmes,
διὰ τὸ ἀγαθὸν αὐτοῖς,	à cause de la chose bonne pour
καὶ οἱ	et ceux *qui aiment*
διὰ τὴν ἡδονὴν	à cause du plaisir [ble pour eux,
διὰ τὸ ἡδὺ αὐτοῖς,	*aiment* à cause de la chose agréa-
καὶ οὐχ ᾗ	et non en tant que
ὁ φιλούμενός ἐστιν	celui qui est aimé est
ὅσπερ ἐστίν,	celui (tel) qu'il est,
ἀλλὰ ᾗ	mais en tant qu'*il est*
χρήσιμος ἢ ἡδύς.	utile ou agréable.
Αὗταί τε δὴ αἱ φιλίαι	Donc et ces amitiés
εἰσὶ κατὰ συμβεβηκός·	*le* sont par accident;
ὁ γὰρ φιλούμενος	car celui qui est aimé
οὐ φιλεῖται ταύτῃ	n'est pas aimé par ce *motif*
ᾗ ἐστιν ὅσπερ ἐστίν,	qu'il est celui qu'il est,
ἀλλὰ ᾗ πορίζουσιν	mais en tant qu'ils procurent
οἱ μέν τι ἀγαθόν,	les uns quelque bien,
οἱ δὲ ἡδονήν.	les autres du plaisir.
Αἱ δὴ τοιαῦταί	Donc les *amitiés* telles
εἰσιν εὐδιάλυτοι,	sont faciles-à-dissoudre,
αὐτῶν μὴ διαμενόντων	eux (les amis) ne restant pas
ὁμοίων·	semblables *les uns pour les au-*
ἐὰν γὰρ	car si *ceux qui sont aimés* [tres)
μηκέτι ὦσιν ἡδεῖς	ne sont plus agréables

ὦσιν¹, παύονται φιλοῦντες. Τὸ δὲ χρήσιμον οὐ διαμένει, ἀλλ᾽ ἄλλοτε ἄλλο γίνεται. Ἀπολυθέντος οὖν δι᾽ ὃ φίλοι ἦσαν, διαλύεται καὶ ἡ φιλία, ὡς οὔσης, τῆς φιλίας πρὸς ἐκεῖνα.

Μάλιστα δ᾽ ἐν τοῖς πρεσβύταις ἡ τοιαύτη δοκεῖ φιλία γίνεσθαι (οὐ γὰρ τὸ ἡδὺ οἱ τηλικοῦτοι διώκουσιν, ἀλλὰ τὸ ὠφέλιμον), καὶ τῶν ἐν ἀκμῇ καὶ νέων ὅσοι τὸ συμφέρον διώκουσιν². Οὐ πάνυ δ᾽ οἱ τοιοῦτοι οὐδὲ συζῶσι μετ᾽ ἀλλήλων. Ἐνίοτε γὰρ οὐδ᾽ εἰσὶν ἡδεῖς· οὐδὲ δὴ προσδέονται τῆς τοιαύτης ὁμιλίας, ἐὰν μὴ ὠφέλιμοι ὦσιν³· ἐπὶ τοσοῦτον γάρ εἰσιν ἡδεῖς, ἐφ᾽, ὅσον ἐλπίδας ἔχουσιν⁴ ἀγαθοῦ. Εἰς ταύτας δὲ καὶ τὴν ξενικὴν τιθέασιν.

Ἡ δὲ τῶν νέων φιλία δι᾽ ἡδονὴν εἶναι δοκεῖ· κατὰ πάθος γὰρ οὗτοι ζῶσιν, καὶ μάλιστα διώκουσιν τὸ ἡδὺ αὐτοῖς καὶ τὸ παρόν· τῆς ἡλικίας δὲ μεταπιπτούσης, καὶ τὰ ἡδέα γίνεται ἕτερα. Διὸ ταχέως γίνονται φίλοι

---

on cesse de l'aimer. Or l'utile n'est pas durable, mais telle chose est utile dans un temps, telle autre dans un autre. Ainsi, quand la cause pour laquelle on était ami, cesse, l'amitié n'est plus, puisqu'elle n'était relative qu'à cette cause.

Cette sorte d'amitié semble surtout naître chez les vieillards: car ce n'est pas l'agréable, mais l'utile que recherchent les hommes de cet âge. Elle se rencontre aussi chez ceux qui, parmi les hommes mûrs et les jeunes gens, sont préoccupés de l'utile. Ceux qui ont cette disposition ne vivent pas non plus beaucoup les uns avec les autres; car ils ne sont pas toujours agréables, et ils n'ont pas non plus besoin d'un tel commerce, s'ils n'y trouvent pas d'utilité; car ils ne trouvent d'agrément dans un ami qu'autant qu'il leur fait espérer de l'avantage. C'est à ces sortes d'amitiés qu'on rapporte les liaisons d'hospitalité.

Quant à l'amitié des jeunes gens, elle paraît être fondée sur le plaisir, car ils ne se conduisent que par passion et recherchent avant tout ce qui leur est agréable dans le présent, et quand la fleur de l'âge passe, ce qui est agréable change en même temps.

ἢ χρήσιμοι,	ou utiles, [d'aimer).
παύονται φιλοῦντες.	*ceux qui aiment* cessent aimant
Τὸ δὲ χρήσιμον	D'autre part l'utile
οὐ διαμένει,	ne *le* reste pas,
ἀλλὰ γίνεται ἄλλο	mais il devient autre
ἄλλοτε,	en-d'-autres-circonstances. [amis
Διὰ ὃ οὖν ἦσαν φίλοι	Donc *ce* pour quoi ils étaient
ἀπολυθέντος,	ayant été rompu,
καὶ ἡ φιλία διαλύεται,	l'amitié aussi est dissoute,
ὡς τῆς φιλίας οὔσης	comme l'amitié existant
πρὸς ἐκεῖνα.	relativement à *ces causes.*
Ἡ δὲ φιλία τοιαύτη	Or l'amitié telle
δοκεῖ γίνεσθαι μάλιστα	semble naître surtout
ἐν τοῖς πρεσβύταις	chez les vieillards
(οἱ γὰρ τηλικοῦτοι	(car les *gens* de-cet-âge
διώκουσιν οὐ τὸ ἡδύ,	poursuivent non l'agréable,
ἀλλὰ τὸ ὠφέλιμον),	mais l'utile),
καὶ ὅσοι	et *chez tous* ceux-qui [de-l'âge
τῶν ἐν ἀκμῇ	d'entre les *hommes* dans la force-
καὶ νέων	et d'entre les jeunes-gens
διώκουσι τὸ συμφέρον.	poursuivent l'utile.
Οἱ δὲ τοιοῦτοι	Or ceux *étant* tels
οὐδὲ συζῶσιν οὐ πάνυ	ne vivent non-plus guère
μετὰ ἀλλήλων.	les uns-avec-les-autres.
Ἐνίοτε γὰρ	Car quelquefois [bles;
οὐδέ εἰσιν ἡδεῖς·	ils ne sont pas-non-plus agréa-
οὐδὲ δὴ προσδέονται	ni certes ils n'ont-besoin
τῆς ὁμιλίας τοιαύτης,	du commerce tel, [utiles;
ἐὰν μὴ ὦσιν ὠφέλιμοι·	si *ceux qui sont aimés* ne sont pas
εἰσὶ γὰρ ἡδεῖς	car *ceux-là* sont agreables
ἐπὶ τοσοῦτον ἐπὶ ὅσον	autant que [bien.
ἔχουσιν ἐλπίδας ἀγαθοῦ.	ils procurent les espérances d'un
Τιθέασιν δὲ εἰς ταύτας	Or ils placent dans ces *amitiés*
τὴν ξενικήν.	l'amitié entre-hôtes. [gens
Ἡ δὲ φιλία τῶν νέων	D'autre par l'amitié des jeunes-
δοκεῖ εἶναι διὰ ἡδονήν·	paraît exister à cause du plaisir :
οὗτοι γὰρ ζῶσιν κατὰ πάθος,	car ceux-ci vivent par passion,
καὶ διώκουσιν μάλιστα	et poursuivent surtout
τὸ ἡδὺ αὐτοῖς	la chose agréable à eux
καὶ τὸ παρόν·	et la chose présente,
τῆς ἡλικίας δὲ μεταπιπτούσης,	d'autre part l'âge changeant,
καὶ τὰ ἡδέα	les choses agréables aussi
γίνεται ἕτερα.	deviennent-autres. [amis
Διὸ γίνονται ταχέως φίλοι	C'est pourquoi ils deviennent vite

MORALE A NICOMAQUE.   2

καὶ παύονται· ἅμα γὰρ τῷ ἡδεῖ ἡ φιλία μεταπίπτ
τῆς δὲ τοιαύτης ἡδονῆς ταχεῖα ἡ μεταβολή. 1
ἐρωτικοὶ δ' οἱ νέοι· κατὰ πάθος γὰρ καὶ δι' ἡδο
τὸ πολὺ τῆς ἐρωτικῆς· διόπερ φιλοῦσι καὶ ταχ
παύονται[1], πολλάκις τῆς αὐτῆς ἡμέρας μεταπίπτοντ
Συνημερεύειν δὲ καὶ συζῆν οὗτοι βούλονται· γίνε
γὰρ αὐτοῖς τὸ κατὰ τὴν φιλίαν οὕτως.

Τελεία δ' ἐστὶν ἡ τῶν ἀγαθῶν φιλία, καὶ κατ' ἀρετ
ὁμοίων. Οὗτοι γὰρ τἀγαθὰ ὁμοίως βούλονται ἀλλήλ
ᾗ ἀγαθοί, ἀγαθοὶ δέ εἰσιν καθ' αὑτούς· οἱ δὲ βουλόμε
τἀγαθὰ τοῖς φίλοις ἐκείνων ἕνεκα, μάλιστα φίλοι (
αὐτοὺς γὰρ οὕτως ἔχουσιν, καὶ οὐ κατὰ συμβεβηκό
διαμένει οὖν ἡ τούτων φιλία ἕως ἂν ἀγαθοὶ ὦσιν, ἡ
ἀρετὴ μόνιμον. Καὶ ἔστιν ἑκάτερος ἁπλῶς ἀγαθὸς κ

Aussi sont-ils également prompts à devenir amis et
cesser de l'être. Car leur amitié change avec ce qui plaît, e
changement est rapide en ce genre de plaisir. Les jeunes g
sont aussi portés à l'amour; car l'amour est en grande pai
affaire de passion et recherche le plaisir; aussi ils aim
promptement, se détachent de même et changent plusieurs f
dans la même journée. Ils désirent s'amuser et vivre a
leurs amis; car ils obtiennent ainsi ce qu'ils recherch
dans l'amitié.

Mais l'amitié parfaite est l'amitié des gens de bien et de ce
qui se ressemblent par la vertu. Ceux-là se veulent égaleme
du bien en tant qu'ils sont vertueux, et ils sont vertueux
eux-mêmes. Or ceux qui veulent du bien à un ami pour l
même sont les amis par excellence, car ils sont tels par eu
mêmes et non par accident. Aussi l'amitié des gens de bi
subsiste tant qu'ils sont vertueux, et la vertu est quelq
chose de stable : chacun d'eux est bon et absolument, et po

καὶ παύονται·
ἡ γὰρ φιλία μεταπίπτει
ἄμα τῷ ἡδεῖ,
ἡ δὲ μεταβολὴ
τῆς ἡδονῆς τοιαύτης
ταχεῖα.
Καὶ δὲ οἱ νέοι
ἐρωτικοί·
τὸ γὰρ πολὺ
τῆς ἐρωτικῆς
κατὰ πάθος
καὶ διὰ ἡδονήν·
διόπερ φιλοῦσι
καὶ παύονται ταχέως,
μεταπίπτοντες πολλάκις
τῆς αὐτῆς ἡμέρας.
Οὗτοι δὲ βούλονται
συνημερεύειν
καὶ συζῆν·
τὸ γὰρ κατὰ
φιλίαν
γίνεται οὕτως αὐτοῖς.
Ἡ δὲ φιλία τῶν ἀγαθῶν
καὶ ὁμοίων κατὰ ἀρετήν
ἐστι τελεία.
Οὗτοι γὰρ βούλονται ὁμοίως
τὰ ἀγαθὰ
ἀλλήλοις,
ᾗ ἀγαθοί,
εἰσὶν δὲ ἀγαθοὶ
κατὰ αὐτούς·
οἱ δὲ βουλόμενοι
τὰ ἀγαθὰ τοῖς φίλοις
ἕνεκα ἐκείνων,
μάλιστα φίλοι
(ἔχουσι γὰρ οὕτως
διὰ αὐτούς,
καὶ οὐ κατὰ συμβεβηκός·
ἡ φιλία οὖν τούτων
διαμένει.
ἕως ὦσιν ἂν ἀγαθοί,
ἡ δὲ ἀρετὴ μόνιμον.
Καὶ ἑκάτερός ἐστιν ἀγαθὸς
ἀπλῶς

et cessent *vite de l'être;*
car l'amitié change
avec la chose agréable,
et le changement
du plaisir tel
est rapide.
Et d'autre part les jeunes-gens
sont portés-à-l'amour;
car la plus grande *partie*
de l'*inclination* amoureuse
est par passion
et à cause du plaisir;
c'est pourquoi ils aiment *vite*
et ils cessent vite *d'aimer,*
changeant souvent
dans le même jour.
Et ceux-ci veulent
passer-ensemble-les-journées
et vivre-ensemble;
car *ce qui est* relativement à
l'amitié
naît ainsi pour eux.
Mais l'amitié des bons
et des *gens* semblables en vertu
est parfaite.
Car ceux-ci *se* veulent également
les biens (du bien)
les uns-aux-autres,
en tant qu'*ils sont* bons,
d'autre part *ils sont* bons
en eux-mêmes;
or ceux qui veulent
les biens (du bien) à leurs amis
à cause de ceux-là,
sont excellemment amis
(car ils sont ainsi
par eux-mêmes,
et non par accident);
l'amitié donc de ces *gens-là*
subsiste,
tant qu'ils sont bons,
or la vertu *est* chose durable.
Et chacun-des-deux-*amis* est bon
absolument

τῷ φίλῳ. Οἱ γὰρ ἀγαθοὶ καὶ ἁπλῶς ἀγαθοὶ καὶ ἀλλήλο
ὠφέλιμοι. Ὁμοίως δὲ καὶ ἡδεῖς· καὶ γὰρ ἁπλῶς οἱ ἀγα
θοὶ ἡδεῖς καὶ ἀλλήλοις· ἑκάστῳ γὰρ καθ᾽ ἡδονὴν εἰσ
αἱ οἰκεῖαι πράξεις καὶ αἱ τοιαῦται, τῶν ἀγαθῶν δὲ
αὐταὶ ἢ ὅμοιαι.

Ἡ τοιαύτη δὲ φιλία μόνιμος εὐλόγως ἐστίν· συ
άπτει γὰρ ἐν αὐτῇ πάνθ᾽ ὅσα τοῖς φίλοις δεῖ ὑπάρχει
Πᾶσα γὰρ φιλία δι᾽ ἀγαθόν ἐστιν ἢ δι᾽ ἡδονήν, ἢ ἁπλ
ἢ τῷ φιλοῦντι, καὶ καθ᾽ ὁμοιότητα τινά · ταύτῃ[1]
πάνθ᾽ ὑπάρχει τὰ εἰρημένα καθ᾽ αὑτούς (ταύτῃ γ
ὅμοιοι καὶ τὰ λοιπά), τό τε ἁπλῶς ἀγαθὸν καὶ ἡ
ἁπλῶς ἐστίν[2]. Μάλιστα δὲ ταῦτα φιλητά, καὶ τὸ φιλε
δὴ καὶ ἡ φιλία ἐν τούτοις μάλιστα καὶ ἀρίστη.

Σπανίας δ᾽ εἰκὸς τὰς τοιαύτας εἶναι · ὀλίγοι γὰρ
τοιοῦτοι. Ἔτι δὲ προσδεῖται χρόνου καὶ συνηθείας

son ami. Car les gens de bien sont bons absolument, et aus
utiles les uns aux autres. Ils sont agréables de la même ma
nière; en effet, les gens de bien sont agréables et absolument
les uns pour les autres; car chacun aime les actions qui so
dans son caractère et celles des gens qui lui ressemblent, et l
actions des gens de bien sont identiques ou semblables.

Une telle amitié doit être durable, car tout ce qui do
se trouver entre des amis s'y réunit. Toute amitié est fond
sur ce qui est bon ou agréable, soit absolument, soit relativ
ment à celui qui aime, et aussi sur une certaine ressemblanc
Or les gens de bien réunissent par eux-mêmes toutes les co
ditions. Leur amitié a la ressemblance, et le reste, ce qui e
bon absolument et ce qui est agréable absolument. Or c'est
ce qui est le plus aimable. Par conséquent, c'est surtout entr
les gens de bien que l'affection et l'amitié se rencontrent, et a
plus haut degré de perfection.

Il est naturel que de telles amitiés soient rares; car de tel
hommes sont en petit nombre. D'ailleurs il faut le temps e

καὶ τῷ φίλῳ.	et pour son ami.
Οἱ γὰρ ἀγαθοὶ	Car les *hommes* bons *sont*
καὶ ἀγαθοὶ ἁπλῶς	et bons absolument
καὶ ὠφέλιμοι ἀλλήλοις.	et utiles les-uns-pour-les-autres.
Ὁμοίως δὲ καὶ	Et de-la-même-manière aussi
ἡδεῖς·	ils *sont* agréables;
καὶ γὰρ οἱ ἀγαθοὶ	et en effet les bons
ἡδεῖς ἁπλῶς	*sont* agréables absolument
καὶ ἀλλήλοις·	et les-uns-pour-les-autres;
αἱ γὰρ πράξεις οἰκεῖα	car les actions qui *lui sont* propres
καὶ αἱ τοιαῦταί	et les *actions* telles
εἰσι κατὰ ἡδονήν	sont en (une cause de) plaisir
ἑκάστῳ,	à chacun,
τῶν δὲ ἀγαθῶν	et *les actions* des bons
αἱ αὐταὶ ἢ ὅμοιαι.	*sont* les mêmes ou semblables.
Ἡ δὲ φιλία τοιαύτη	Or l'amitié telle
ἐστὶν εὐλόγως μόνιμος·	est avec-raison durable;
πάντα γὰρ ὅσα δεῖ	car tout-ce-qu'il faut
ὑπάρχειν φίλοις	être à des amis
συνάπτει ἐν αὐτῇ.	est réuni en elle.
Πᾶσα γὰρ φιλία ἐστὶ	Car toute amitié existe
διὰ ἀγαθὸν	à cause d'un bien
ἢ διὰ ἡδονήν,	ou à cause d'un plaisir,
ἢ ἁπλῶς	ou absolument,
ἢ τῷ φιλοῦντι,	ou pour celui qui aime, [blance;
καὶ κατά τινα ὁμοιότητα·	et en vertu d'une certaine ressem-
πάντα δὲ τὰ εἰρημένα	or toutes les *conditions* enumérées
ὑπάρχει ταύτῃ	sont à cette *amitié* (à ces amis)
κατὰ αὐτούς	en eux-mêmes [semblables
(ταύτῃ γὰρ ὅμοιοι	(car dans cette *amitié* ils *sont*
καὶ τὰ λοιπά),	aussi pour le reste),
τό τε ἁπλῶς ἀγαθὸν	et le absolument bon
καὶ ἁπλῶς ἡδὺ	et absolument agréable
ἔστιν.	s'y trouvent. [bles,
Ταῦτα δὴ μάλιστα φιλητά,	Or ces choses *sont* les plus aima-
καὶ τὸ φιλεῖν δὴ	et le aimer donc
καὶ ἡ φιλία	et l'amitié [là
μάλιστα ἐν τούτοις	*se rencontrent* surtout chez ceux-
καὶ ἀρίστη.	et parfaite.
Εἰκὸς δὲ	Or il *est* naturel
τὰς τοιαύτας εἶναι σπανίας·	les *amitiés* telles êtres rares;
οἱ γὰρ τοιοῦτοι	car les hommes tels
ὀλίγοι.	*sont* peu-nombreux. [outre
Ἔτι δὲ προσδεῖται	D'ailleurs encore il est besoin-en-

κατὰ τὴν παροιμίαν γὰρ οὐκ ἔστιν εἰδῆσαι ἀλλήλους
πρὶν τοὺς λεγομένους ἅλας συναναλῶσαι ¹· οὐδ' ἀποδέ-
ξασθαι δὴ πρότερον οὐδ' εἶναι φίλους, πρὶν ἂν ἑκάτερος
ἑκατέρῳ φανῇ φιλητὸς καὶ πιστευθῇ. Οἱ δὲ ταχέως τὰ
φιλικὰ πρὸς ἀλλήλους ποιοῦντες βούλονται μὲν φίλοι
εἶναι, οὐκ εἰσὶν δέ, εἰ μὴ καὶ φιλητοί, καὶ τοῦτ' ἴσασιν·
βούλησις μὲν γὰρ ταχεῖα φιλίας γίνεται, φιλία δ' οὔ.

IV. Αὕτη μὲν οὖν καὶ κατὰ τὸν χρόνον καὶ κατὰ
τὰ λοιπὰ τελεία ἐστίν, καὶ κατὰ πάντα ταὐτὰ γίνεται
καὶ ὅμοια ἑκατέρῳ παρ' ἑκατέρου, ὅπερ δεῖ τοῖς φίλοις
ὑπάρχειν· ἡ δὲ διὰ τὸ ἡδὺ ὁμοίωμα ταύτης ἔχει (καὶ
γὰρ οἱ ἀγαθοὶ ἡδεῖς ἀλλήλοις), ὁμοίως δὲ καὶ ἡ διὰ τὸ
χρήσιμον (καὶ γὰρ τοιοῦτοι ἀλλήλοις οἱ ἀγαθοί). Μάλιστα δὲ καὶ ἐν τούτοις αἱ φιλίαι διαμένουσιν, ὅταν τὸ

l'habitude; on ne peut se connaître les uns les autres avant
d'avoir consommé plus d'un boisseau de sel ensemble, comme
dit le proverbe. On ne peut pas non plus s'agréer ni se lier
d'amitié avant de s'être trouvé réciproquement digne d'affection
et d'avoir inspiré confiance. Ceux qui sont prompts à faire les
uns envers les autres acte d'amitié désirent sans doute être
amis, mais ils ne le sont pas, à moins d'être dignes d'affection
et de le savoir. Le désir de l'amitié vient promptement, mais
non pas l'amitié.

IV. L'amitié entre gens de bien est donc parfaite pour la
durée et pour le reste ; tout est égal et semblable de l'un à l'autre, ce qui doit se trouver entre amis. L'amitié fondée sur le
plaisir a quelque ressemblance avec celle-là, car les gens de
bien sont agréables les uns aux autres; de même l'amitié
fondée sur l'utilité, car les gens de bien sont aussi utiles les
uns aux autres. Ces deux sortes d'amitiés sont aussi particu-

χρόνου καὶ συνηθείας·	de temps et d'habitude;
κατὰ γὰρ τὴν παροιμίαν	car selon le proverbe
οὐκ ἔστιν	il n'est pas-possible
εἰδῆσαι ἀλλήλους	de se connaître les uns-les-autres
πρὶν συναναλῶσαι	avant d'avoir consommé-ensemble
τοὺς ἅλας λεγομένους·	le sel dit (comme on dit);
οὐδὲ ἀποδέξασθαι δὴ	ni d'accepter certes *quelqu'un*
πρότερον	auparavant, [*comme ami*
οὐδὲ εἶναι φίλους,	ni *deux hommes* être amis,
πρὶν ἑκάτερος	avant que chacun-des-deux
φανῇ ἂν ἑκατέρῳ,	se soit montré à l'autre
φιλητὸς	aimable
καὶ πιστευθῇ.	et *lui* ait-inspiré-de-la-confiance.
Οἱ δὲ ποιοῦντες ταχέως	Or ceux qui font promptement
τὰ φιλικὰ	les *actes* amicaux
πρὸς ἀλλήλους	les-uns-envers-les-autres
βούλονται μὲν εἶναι φίλοι,	veulent d'une part être amis,
οὐ δὲ εἰσίν,	d'autre part ne *le* sont pas,
εἰ μὴ καὶ φιλητοί,	à moins que et ils ne *soient* aima-
καὶ τοῦτο ἴσασιν·	et qu'ils ne le sachent; [*bles*,
βούλησις μὲν γὰρ φιλίας	car d'une part désir d'amitié
γίνεται ταχεῖα,	naît prompt (promptement),
φιλία δὲ οὔ.	d'autre part amitié, non.
IV. Αὕτη μὲν οὖν	IV. Cette amitié donc
ἐστι τελεία	est parfaite
καὶ κατὰ τὸν χρόνον	et relativement à la durée
καὶ κατὰ τὰ λοιπά,	et relativement au reste,
καὶ κατὰ πάντα	et en tout
τὰ αὐτὰ καὶ ὅμοια	les choses semblables et les mêmes
γίνεται ἑκατέρῳ	arrivent à chacun-des-deux
παρὰ ἑκατέρου,	de la part de l'autre,
ὅπερ δεῖ ὑπάρχειν	*ce* qui doit exister
τοῖς φίλοις·	dans les amis;
ἡ δὲ	d'autre part l'*amitié existant*
διὰ τὸ ἡδὺ	à cause de l'agréable
ἔχει ὁμοίωμα ταύτης	a de la ressemblance avec celle-là
(καὶ γὰρ οἱ ἀγαθοὶ	(et en effet les bons
ἡδεῖς ἀλλήλοις),	*sont* agréables les uns-aux-autres),
ὁμοίως δὲ καὶ	et semblablement aussi
ἡ διὰ τὸ χρήσιμον	celle existant à cause de l'utile
(καὶ γὰρ οἱ ἀγαθοὶ	(et en effet les bons [*tres*].
τοιοῦτοι ἀλλήλοις).	*sont* tels (utiles) les-uns-aux au-
Αἱ δὲ φιλίαι διαμένουσι	Or les amitiés durent

αὐτὸ γίνηται παρ' ἀλλήλων, οἷον ἡδονή, καὶ μὴ μόνον
οὕτως, ἀλλὰ καὶ ἀπὸ τοῦ αὐτοῦ, οἷον τοῖς εὐτραπέλοις,
καὶ μὴ ὡς ἐραστῇ καὶ ἐρωμένῳ. Οὐ γὰρ ἐπὶ τοῖς αὐτοῖς
ἥδονται οὗτοι, ἀλλ' ὁ μὲν ὁρῶν ἐκεῖνον, ὁ δὲ θεραπευό-
μενος ὑπὸ τοῦ ἐραστοῦ· ληγούσης δὲ τῆς ὥρας ἐνίοτε
καὶ ἡ φιλία λήγει (τῷ μὲν γὰρ οὐκ ἔστιν ἡδεῖα ἡ ὄψις,
τῷ δ' οὐ γίνεται ἡ θεραπεία)· πολλοὶ δ' αὖ διαμένουσιν, ἐὰν ἐκ τῆς συνηθείας τὰ ἤθη στέρξωσιν, ὁμοήθεις
ὄντες. Οἱ δὲ μὴ τὸ ἡδὺ ἀντικαταλλαττόμενοι, ἀλλὰ τὸ
χρήσιμον ἐν τοῖς ἐρωτικοῖς, καὶ εἰσὶν ἧττον φίλοι καὶ
διαμένουσιν. Οἱ δὲ διὰ τὸ χρήσιμον ὄντες φίλοι ἅμα
τῷ συμφέροντι διαλύονται· οὐ γὰρ ἀλλήλων ἦσαν φίλοι,
ἀλλὰ τοῦ λυσιτελοῦς.

Δι' ἡδονὴν μὲν οὖν καὶ διὰ τὸ χρήσιμον καὶ φαύλους
ἐνδέχεται φίλους εἶναι ἀλλήλοις καὶ ἐπιεικεῖς φαύλοις

lièrement durables quand les amis se donnent la même chose,
par exemple, du plaisir, et non seulement du plaisir mais un
plaisir provenant de la même source, comme on le voit des gens
enjoués, mais non comme il arrive entre l'amant et l'objet
aimé; car l'un et l'autre n'ont pas de plaisir pour les mêmes
motifs ; l'amant se plaît à regarder la personne aimée ; la personne aimée à être l'objet des soins qu'on lui rend ; et quand
la beauté s'en va, l'amitié cesse quelquefois avec elle; l'amant
n'a plus de plaisir à regarder la personne qu'il aimait, et la
personne aimée ne trouve plus [chez l'amant] les mêmes soins.
Pourtant ils restent souvent liés, si l'habitude de vivre ensemble, en produisant une ressemblance de mœurs, fait aimer à
chacun la manière d'être de l'autre. Quant à ceux qui, en amour,
font plutôt échange de l'utile que de l'agréable, ils sont moins
liés et le restent moins longtemps. Ceux dont l'amitié est
fondée sur l'utile se séparent quand l'utilité cesse; car ils ne
tenaient pas l'un à l'autre, mais à ce qui est profitable.
Le plaisir et l'utilité peuvent donc unir des gens méprisables
les uns avec les autres, des gens estimables avec des gens mé-

μάλιστα καὶ ἐν τούτοις,	surtout aussi dans ceux-ci,
ὅταν τὸ αὐτὸ γίνηται	lorsque la même chose arrive
παρὰ ἀλλήλων,	de-la-part des-uns-aux-autres,
οἷον ἡδονή,	comme du plaisir,
καὶ μὴ μόνον οὕτως,	et non seulement de-cette-manière,
ἀλλὰ καὶ ἀπὸ τοῦ αὐτοῦ,	mais encore de la même *cause*,
οἷον τοῖς εὐτραπέλοις,	comme aux *gens* enjoués,
καὶ μὴ ὡς ἐραστῇ	et non comme à l'amant
καὶ ἐρωμένῳ.	et à l'*objet* aimé.
Οὗτοι γὰρ ἥδονται	Car ceux-ci sont charmés
οὐκ ἐπὶ τοῖς αὐτοῖς,	non des mêmes choses,
ἀλλὰ ὁ μὲν ὁρῶν ἐκεῖνον,	mais l'un en voyant celui-là,
ὁ δὲ θεραπευόμενος	l'autre étant courtisé
ὑπὸ τοῦ ἐραστοῦ·	par l'amant ; [sant,
τῆς δὲ ὥρας ληγούσης,	d'autre part la fleur-de-l'âge ces-
ἐνίοτε καὶ ἡ φιλία	quelquefois aussi l'amitié
λήγει	cesse
(ἡ γὰρ ὄψις οὐκ ἔστιν	(car la vue n'est pas
ἡδεῖα τῷ μέν,	agréable à l'un,
ἡ θεραπεία	le soin
οὐ γίνεται τῷ δέ)·	n'arrive *plus* à l'autre); [traire
πολλοὶ δὲ αὖ	d'autre part beaucoup au con-
διαμένουσιν,	restent *amis*
ἐὰν ὄντες ὁμοήθεις	si étant de-même-caractère[*l'autre*
στέρξωσι τὰ ἤθη	ils aiment le caractère *l'un de*
ἐκ τῆς συνηθείας.	par-suite-de l'habitude.
Οἱ δὲ ἀντικαταλλαττόμενοι	D'autre part ceux qui échangent
ἐν τοῖς ἐρωτικοῖς	dans les *liaisons* amoureuses
μὴ τὸ ἡδύ,	non l'agréable,
ἀλλὰ τὸ χρήσιμον,	mais l'utile,
καὶ εἰσὶν ἧττον φίλοι	et sont moins amis
καὶ διαμένουσιν.	et *le* restent *moins*.
Οἱ δὲ ὄντες φίλοι	D'autre part ceux étant amis
διὰ τὸ χρήσιμον	à cause de l'utile
διαλύονται	se séparent
ἅμα τῷ συμφέροντι·	avec l'intérêt;
ἦσαν γὰρ φίλοι	car ils étaient amis
οὐκ ἀλλήλων,	non les-uns-des-autres,
ἀλλὰ τοῦ λυσιτελοῦς.	mais de l'utile.
Ἐνδέχεται μὲν οὖν	D'une part donc il est-possible
καὶ φαύλους εἶναι	et des *gens* méprisables être
φίλους ἀλλήλοις,	amis les-uns-des-autres
καὶ ἐπιεικεῖς	et des *gens* honnêtes
φαύλοις	*être amis* de *gens* méprisables

καὶ μηδέτερον ὁποιφοῦν, δι' αὐτοὺς δὲ δῆλον ὅτι μόνους τοὺς ἀγαθούς· οἱ γὰρ κακοὶ οὐ χαίρουσιν ἑαυτοῖς, εἰ μή τις ὠφέλεια γίνοιτο.

Καὶ μόνη δὲ ἡ τῶν ἀγαθῶν φιλία ἀδιάβλητός ἐστιν· οὐ γὰρ ῥᾴδιον οὐδενὶ πιστεῦσαι περὶ τοῦ ἐν πολλῷ χρόνῳ ὑπ' αὐτῶν δεδοκιμασμένου. Καὶ τὸ πιστεύειν ἐν τούτοις, καὶ τὸ μηδέποτε ἂν ἀδικῆσαι, καὶ ὅσα ἄλλα ἐν τῇ ὡς ἀληθῶς φιλίᾳ ἀξιοῦται. Ἐν δὲ ταῖς ἑτέραις οὐδὲν κωλύει τὰ τοιαῦτα ⸱⸱⸱⸱θαι.

Ἐπεὶ δὲ οἱ ἄνθρωποι λέγουσιν φίλους καὶ τοὺς διὰ τὸ χρήσιμον, ὥσπερ αἱ πόλεις[1] (δοκοῦσι γὰρ αἱ συμμαχίαι ταῖς πόλεσι γίνεσθαι ἕνεκα τοῦ συμφέροντος), καὶ τοὺς δι' ἡδονὴν ἀλλήλους στέργοντας, ὥσπερ οἱ παῖδες, ἴσως λέγειν μὲν δεῖ καὶ ἡμᾶς φίλους τοὺς τοιού-

prisables, et celui qui n'est ni l'un ni l'autre avec n'importe qui. Évidemment il n'y a que les gens de bien qui s'aiment pour eux-mêmes; les malhonnêtes gens ne se plaisent pas, à moins qu'il n'y ait du profit à retirer.

En outre l'amitié des gens de bien, seule, est à l'abri de la calomnie; car il ne leur est pas facile de croire qui que ce soit sur le compte d'un ami longtemps éprouvé. Enfin ils ont, eux, confiance [les uns dans les autres], ils sont incapables de se faire tort, et réunissent toutes les autres conditions que l'on considère comme nécessaires à la véritable amitié, tandis que rien ne garantit les autres liaisons de ces sortes d'atteintes.

Comme on se sert du nom d'amitié pour désigner les liaisons formées par l'utilité entre les hommes, comme entre les États (car les alliances paraissent être conclues en vue de l'intérêt), et les liaisons que forme le plaisir, comme entre les enfants, peut-être devons-nous aussi appeler amis ceux qui sont liés par

καὶ μηδέτερον | et l'*homme n'étant* ni-l'un-ni-l'au-
ὁποιῳοῦν | *être ami* de n'importe-qui [tre
διὰ ἡδονὴν | à cause du plaisir
καὶ διὰ τὸ χρήσιμον. | et à cause de l'utile,
δῆλον δὲ ὅτι | d'autre part *il est* évident que
τοὺς ἀγαθοὺς μόνους | *il est possible* les bons seuls
διὰ αὑτούς· | *être amis* à cause d'eux-mêmes:
οἱ γὰρ κακοὶ | car les méchants
οὐ χαίρουσιν | ne sont pas charmés
ἑαυτοῖς, | d'eux-mêmes (les uns des autres),
εἴ τις ὠφελεία μὴ γίνοιτο. | si quelque utilité n'était.
  Καὶ δὲ | Et d'autre part
ἡ φιλία τῶν ἀγαθῶν | l'amitié des bons
ἐστι μόνη ἀδιάβλητος· | est seule sourde-à-la-calomnie:
οὐ γὰρ ῥάδιον | car il n'*est* facile
πιστεῦσαι οὐδενὶ | de croire à personne
περὶ τοῦ δεδοκιμασμένου | sur l'*ami* éprouvé
ὑπὸ αὐτῶν | par eux-mêmes
ἐν πολλῷ χρόνῳ. | dans un long temps.
Καὶ τὸ πιστεύειν | Et le avoir-confiance
ἐν τούτοις, | *est* dans ceux-ci (les bons),
καὶ τὸ | et le
μηδέποτε ἀδικῆσαι ἄν, | n'avoir jamais pu être-injuste,
καὶ ὅσα ἄλλα | et toutes les autres *conditions* qui
ἀξιοῦται | sont réclamées
ἐν τῇ ὡς ἀληθῶς φιλίᾳ. | dans la bien véritablement amitié.
Ἐν δὲ ταῖς ἑτέραις | Mais dans les autres *amitiés*
οὐδὲν κωλύει | rien n'empêche
τοιαῦτα γίνεσθαι. | de telles *atteintes* avoir-lieu.
  Ἐπεὶ δὲ οἱ ἄνθρωποι | D'autre part comme les hommes
λέγουσιν φίλους | appellent amis
καὶ τοὺς | et ceux *qui le sont*
διὰ τὸ χρήσιμον, | à cause de l'utile,
ὥσπερ αἱ πόλεις | comme les villes *sont appelées*
(αἱ γὰρ συμμαχίαι | (car les alliances. [amies
δοκοῦσι γίνεσθαι ταῖς πόλεσιν | paraissent naître pour les villes
ἕνεκα τοῦ συμφέροντος), | à cause de l'intérêt),
καὶ τοὺς | et ceux
στέργοντας ἀλλήλους | se chérissant les-uns-les-autres
διὰ ἡδονήν, | à cause du plaisir, [amis.
ὥσπερ οἱ παῖδες, | comme les enfants *sont appelés*
ἴσως μὲν δεῖ | peut-être d'une part faut-il
καὶ ἡμᾶς | nous aussi
λέγειν φίλους τοὺς τοιούτους, | dire amis les *gens* tels,

τους, εἴδη δὲ τῆς φιλίας πλείω, καὶ πρώτως μὲν καὶ
κυρίως τὴν τῶν ἀγαθῶν ἢ ἀγαθοί, τὰς δὲ λοιπὰς καθ᾽
ὁμοιότητα· ἢ γὰρ ἀγαθόν τι καὶ ὅμοιον ταύτη, φίλοι·
καὶ γὰρ τὸ ἡδὺ ἀγαθὸν τοῖς φιληδέσιν. Οὐ πάνυ δ᾽ αὗται συνάπτουσιν, οὐδὲ γίνονται[1] οἱ αὐτοὶ φίλοι διὰ τὸ
χρήσιμον καὶ διὰ τὸ ἡδύ· οὐ γὰρ πάνυ συνδυάζεται τὰ
κατὰ συμβεβηκός.

Εἰς ταῦτα δὲ τὰ εἴδη τῆς φιλίας νενεμημένης, οἱ
μὲν φαῦλοι ἔσονται φίλοι δι᾽ ἡδονὴν ἢ τὸ χρήσιμον,
ταύτη ὅμοιοι ὄντες, οἱ δ᾽ ἀγαθοὶ δι᾽ αὑτοὺς φίλοι· ἢ
γὰρ ἀγαθοί. Οὗτοι μὲν οὖν ἁπλῶς φίλοι, ἐκεῖνοι δὲ κατὰ
συμβεβηκὸς καὶ τῷ ὡμοιῶσθαι τούτοις.

V. Ὥσπερ δ᾽ ἐπὶ τῶν ἀρετῶν οἱ μὲν καθ᾽ ἕξιν, οἱ δὲ
κατ᾽ ἐνέργειαν ἀγαθοὶ λέγονται, οὕτως καὶ ἐπὶ τῆς φι-
λίας· οἱ μὲν γὰρ συζῶντες χαίρουσιν ἀλλήλοις καὶ πο-

ces motifs, et reconnaître plusieurs espèces d'amitié; d'abord,
au premier rang et dans le sens propre du mot, l'amitié qui lie
les gens de bien en tant que gens de bien, puis les autres amitiés dans la mesure de leur ressemblance avec celle-là. En effet,
les autres sont amis en tant qu'il y a dans leur liaison quelque bien et quelque ressemblance avec l'amitié des gens de
bien; car l'agréable est un bien pour ceux qui y sont sensibles.
Mais ces deux sortes de liaisons ne se rencontrent pas souvent
ensemble, et on n'est guère lié à la fois par l'utilité et par
l'agréable; car il est rare que les qualités accidentelles soient
associées.

D'après la distinction que nous avons établie entre les différentes espèces d'amitié, ceux qui ne sont pas vertueux seront
liés par le plaisir ou par l'intérêt, parce qu'ils se ressemblent
à cet égard, tandis que les gens de bien s'aiment pour eux-
mêmes, parce qu'ils s'aiment en tant que gens de bien. Ceux-
là seuls sont donc amis absolument parlant, les autres ne le
sont que par accident et par ressemblance avec ceux-là.

V. [Il en est de l'amitié] comme des vertus. On dit des uns
qu'ils sont vertueux eu égard à la disposition, et on le dit des
autres, eu égard aux actes; de même en amitié : les uns se

εἴδη δὲ τῆς φιλίας | et *dire* les espèces de l'amitié
πλείω, | *être* plusieurs,   [prement
καὶ πρώτως μὲν καὶ κυρίως | et premièrement d'abord et pro-
τὴν τῶν ἀγαθῶν | l'*amitié* des bons
ᾗ ἀγαθοί, | en tant qu'*ils sont* bons,
τὰς δὲ λοιπὰς | d'autre part *les autres amitiés*
κατὰ | en-raison
ὁμοιότητα· | de *leur* ressemblance;
ᾗ γάρ, | car en tant que
τι ἀγαθὸν | *ils ont* quelque chose de bon
καὶ ὅμοιον ταύτῃ, | et de semblable à celle-là,
φίλοι· | *les autres sont* amis;
καὶ γὰρ τὸ ἡδὺ ἀγαθὸν | et en effet l'agréable *est* un bien
τοῖς φιληδέσιν. | pour ceux qui-aiment-l'agréable.
Αὗται δὲ | Or ces *amitiés*
οὐ συνάπτουσιν πάνυ, | ne se rencontrent-ensemble guère,
οὐδὲ οἱ αὐτοὶ γίνονται | ni les mêmes ne sont *guère*.
φίλοι διὰ τὸ χρήσιμον | amis à cause de l'utile
καὶ διὰ τὸ ἡδύ· | et à cause de l'agréable;
τὰ γὰρ | car les choses
κατὰ συμβεβηκὸς | *arrivant* par accident
οὐ συνδυάζεται πάνυ. | ne s'accouplent guère.
Τῆς δὲ φιλίας νενεμημένης | Or l'amitié étant partagée
εἰς ταῦτα τὰ εἴδη, | en ces espèces,
οἱ μὲν φαῦλοι | d'une part les *gens* méprisables
ἔσονται φίλοι | seront amis
διὰ ἡδονὴν | à cause du plaisir
ἢ τὸ χρήσιμον, | ou de l'utile,
ὄντες ὅμοιοι ταύτῃ, | étant semblables en ce *point*,
οἱ δὲ ἀγαθοὶ | d'autre part les bons,
φίλοι διὰ αὐτούς· | *seront* amis à cause d'eux-mêmes;
ᾗ γὰρ ἀγαθοί. | car *ils le seront* en tant que bons.
Οὗτοι μὲν οὖν | Ceux-ci d'une part donc
φίλοι ἁπλῶς, | *seront* amis absolument,
ἐκεῖνοι δὲ κατὰ συμβεβηκὸς | ceux-là d'autre part par accident
καὶ τῷ ὡμοιῶσθαι τούτοις. | et par le ressembler à ceux-ci.

V. Ὥσπερ δὲ | V. Or de-même-que
ἐπὶ τῶν ἀρετῶν | touchant les vertus
οἱ μὲν λέγονται ἀγαθοὶ | les uns sont dits bons
κατὰ ἕξιν, | par disposition,
οἱ δὲ κατὰ ἐνέργειαν, | les autres par action,
οὕτως καὶ ἐπὶ τῆς φιλίας· | de même aussi touchant l'amitié;
οἱ μὲν γὰρ χαίρουσ. | car les uns se plaisent

ρίζουσιν τἀγαθά, οἱ δὲ καθεύδοντες [1] ἢ κεχωρισμένοι τοῖς τόποις οὐκ ἐνεργοῦσι μέν, οὕτω δ' ἔχουσιν ὥστ' ⟨ ἂν ⟩ ἐνεργεῖν φιλικῶς · οἱ γὰρ τόποι οὐ διαλύουσι τὴν φιλίαν ἁπλῶς, ἀλλὰ τὴν ἐνέργειαν. Ἐὰν δὲ χρόνιος ἡ ἀπουσία γίνηται, καὶ τῆς φιλίας δοκεῖ λήθην ποιεῖν· ὅθεν εἴρηται

πολλὰς δὴ φιλίας ἀπροσηγορία διέλυσεν [2].

Οὐ φαίνονται δ' οὔθ' οἱ πρεσβῦται, οὔθ' οἱ στρυφνοὶ φιλικοὶ [3] εἶναι · βραχὺ γὰρ ἐν αὐτοῖς τὸ τῆς ἡδονῆς, οὐδεὶς δὲ δύναται συνημερεύειν τῷ λυπηρῷ οὐδὲ τῷ μὴ ἡδεῖ · μάλιστα γὰρ ἡ φύσις φαίνεται τὸ μὲν λυπηρὸν φεύγειν, ἐφίεσθαι δὲ τοῦ ἡδέος· Οἱ δ' ἀποδεχόμενοι ἀλλήλους, μὴ συζῶντες δέ, εὔνοις ἐοίκασι μᾶλλον ἢ φίλοις. Οὐδὲν γὰρ οὕτως ἐστὶν φίλων ὡς τὸ συζῆν· ὠφελείας μὲν γὰρ οἱ ἐνδεεῖς ὀρέγονται, συνημερεύειν δὲ καὶ οἱ μα-

plaisent à vivre ensemble et se font du bien; les autres, même en dormant [pour ainsi dire] et dans l'éloignement, sans agir, sont disposés à faire acte d'amitié; car l'éloignement ne rompt pas absolument l'amitié, il en interrompt les actes. Cependant une longue absence semble la faire oublier; aussi a-t-on dit : souvent le défaut d'entretien détruit l'amitié.

Les vieillards et les gens chagrins ne paraissent pas aptes à l'amitié; car il y a peu de plaisir avec eux, et on ne peut pas passer ses jours avec un homme fâcheux ou désagréable ; il est dans la nature de fuir avant tout la peine et de rechercher le plaisir. Ceux qui s'agréent sans vivre ensemble [sont unis par un lien] qui ressemble plutôt à la bienveillance qu'à l'amitié; car rien ne convient à l'amitié comme de vivre ensemble. Si ceux qui sont dans le besoin désirent qu'on les secoure, ceux-là même qui sont dans la prospérité désirent vivre en compa-

συζῶντες ἀλλήλοις,	vivant les-uns-avec-les-autres,
καὶ πορίζουσιν	et se procurent les uns-aux-autres
τὰ ἀγαθά,	les biens,
οἱ δὲ καθεύδοντες	les autres dormant
ἢ κεχωρισμένοι τοῖς τοποῖς	ou séparés par les lieux
οὐκ ἐνεργοῦσι μέν,	n'agisssent pas à la vérité,
ἔχουσι δὲ οὕτω	mais sont disposés de manière
ὥστε ἐνεργεῖν ἂν	à pouvoir agir
φιλικῶς·	amicalement;
οἱ γὰρ τόποι	car les lieux
οὐ διαλύουσιν ἁπλῶς	ne dissolvent pas absolument
τὴν φιλίαν,	l'amitié,
ἀλλὰ τὴν ἐνέργειαν.	mais ils en détruisent l'action.
Ἐὰν δὲ ἡ ἀπουσία	D'autre part si l'absence
γίνηται χρόνιος,	devient longue,
δοκεῖ καὶ ποιεῖν	elle paraît aussi produire
λήθην τῆς φιλίας·	oubli de l'amitié :
ὅθεν εἴρηται	d'où il a été dit : [tes
ἀπροσηγορία διέλυσεν δὴ	defaut-d'entretien a dissous cer-
πολλὰς φιλίας.	beaucoup d'amitiés.
Οὔτε δὲ οἱ πρεσβῦται	D'ailleurs ni les vieillards
οὔτε οἱ στρυφνοὶ	ni les gens durs
φαίνονται εἶναι φιλικοί·	ne paraissent être aptes-à-l'amitié;
τὸ γὰρ τῆς ἡδονῆς	car la part du plaisir
βραχὺ ἐν αὐτοῖς,	est courte en eux,
οὐδεὶς δὲ δύναται	d'autre part personne ne peut
συνημερεύειν τῷ λυπηρῷ	passer-le-jour avec le fâcheux
οὐδὲ τῷ μὴ ἡδεῖ·	ni-même avec l'homme non agréa-
ἡ γὰρ φύσις	car la nature [ble;
φαίνεται μάλιστα	paraît principalement
φεύγειν μὲν τὸ λυπηρόν,	fuir d'une part le fâcheux,
ἐφίεσθαι δὲ τοῦ ἡδέος.	d'autre part rechercher le plaisir.
Οἱ δὲ ἀποδεχόμενοι	Or ceux s'agréant
ἀλλήλους,	les-uns-aux-autres,
μὴ συζῶντες δέ,	mais ne vivant-pas-ensemble,
ἐοίκασιν εὔνοις	ressemblent à des bienveillants
μᾶλλον ἢ φίλοις.	plutôt qu'à des amis.
Οὐδὲν γάρ ἐστιν οὕτως	Car rien n'est tellement
φίλων	le propre d'amis
ὡς τὸ συζῆν·	que le vivre-ensemble;
οἱ μὲν γὰρ ἐνδεεῖς	car d'une part les besoigneux
ὀρέγονται ὠφελείας,	désirent secours,
οἱ δὲ καὶ μακάριοι	d'autre part même les heureux
συνημερεύειν·	désirent passer-le-jour-ensemble;

κάριοι· μονώταις μὲν γὰρ εἶναι τούτοις ἥκιστα προσήκει.
Συνδιάγειν δὲ μετ' ἀλλήλων οὐκ ἔστιν μὴ ἡδεῖς ὄντας
μηδὲ χαίροντας τοῖς αὐτοῖς, ὅπερ ἡ ἑταιρικὴ δοκεῖ
ἔχειν.

Μάλιστα μὲν οὖν ἐστι φιλία ἡ τῶν ἀγαθῶν, καθάπερ
πολλάκις εἴρηται. Δοκεῖ γὰρ φιλητὸν μὲν καὶ αἱρετὸν
τὸ ἁπλῶς ἀγαθὸν ἢ ἡδύ, ἑκάστῳ δὲ τὸ αὐτῷ τοιοῦτον·
ὁ δ' ἀγαθὸς τῷ ἀγαθῷ δι' ἄμφω ταῦτα.

[("Ἔοικεν δ' ἡ μὲν φίλησις πάθει, ἡ δὲ φιλία ἕξει· ἡ
γὰρ φίλησις οὐχ ἧττον πρὸς τὰ ἄψυχά ἐστιν, ἀντιφιλοῦσι δὲ μετὰ προαιρέσεως, ἡ δὲ προαίρεσις ἀφ' ἕξεως.)]
Καὶ τἀγαθὰ βούλονται τοῖς φιλουμένοις ἐκείνων ἕνεκα,
οὐ κατὰ πάθος ἀλλὰ καθ' ἕξιν· καὶ φιλοῦντες τὸν φίλον τὸ αὐτοῖς ἀγαθὸν φιλοῦσιν· ὁ γὰρ ἀγαθός, φίλος
γινόμενος, ἀγαθὸν γίνεται ᾧ φίλος. Ἑκάτερος οὖν φιλεῖ

---

gnie, et c'est à cette situation que l'isolement convient le moins.
Or on ne peut vivre les uns avec les autres, si on ne se plaît
pas et si on n'a pas les mêmes goûts, ce qui paraît être la condition de la camaraderie.

L'amitié par excellence est donc celle des gens de bien,
comme on l'a déjà dit bien des fois. Car ce qui est bon ou
agréable absolument parlant est aimable et désirable [en soi],
et chacun [aime et désire] ce qui est tel pour soi. Or l'homme
de bien aime l'homme de bien pour ces deux motifs.

Un goût ressemble plutôt à une *passion*, l'amitié à une *disposition;* en effet, on peut avoir du goût même pour des choses
inanimées, mais il n'y a pas d'affection réciproque sans *volonté*,
et la *volonté* tient à la *disposition*. [Les gens de bien] désirent
le bien à celui qu'ils aiment pour lui-même, non par *passion*,
mais par *disposition*, et en aimant leur ami ils aiment ce qui
leur est bon; car l'homme vertueux est, en amitié, un bien
pour celui dont il est l'ami. [De tels amis] aiment donc chacun

προσήκει μὲν γάρ — car d'une part il convient
ἥκιστα τούτοις — le moins à ceux-là
εἶναι μονώταις. — d'être solitaires.
Οὐ δὲ ἐστιν — D'autre part il n'est pas *possible*
μὴ ὄντας ἡδεῖς — *les gens* n'étant pas agréables.
μηδὲ χαίροντας — et-ne se réjouissant pas
τοῖς αὐτοῖς, — des mêmes *objets*,
ὅπερ ἡ ἑταιρικὴ — chose que la camaraderie
δοκεῖ ἔχειν, — paraît contenir,
συνδιάγειν μετὰ ἀλλήλων. — vivre les-uns-avec-les-autres.

'Η μὲν οὖν τῶν ἀγαθῶν — Donc l'*amitié* des bons
ἐστι μάλιστα φιλία, — est excellemment l'amitié,
καθάπερ εἴρηται πολλάκις. — comme il a été dit souvent.
Τὸ μὲν γὰρ ἁπλῶς ἀγαθὸν — Car d'une part le absolument bon
ἢ ἡδὺ — ou agréable
δοκεῖ φιλητὸν καὶ αἱρετόν, — paraît aimable et préférable,
τὸ δὲ τοιοῦτον αὐτῷ — et ce *qui est* tel pour soi
ἑκάστῳ· — l'est pour chacun ;
ὁ δὲ ἀγαθὸς — or le bon *est aimable et préférable*
τῷ ἀγαθῷ — pour le bon
διὰ ταῦτα ἄμφω. — à cause de ces deux *motifs*.

'Η δὲ μὲν φίλησις — Or d'une part le goût
ἔοικεν πάθει, — ressemble à une passion,
ἡ δὲ φιλία — d'autre part l'amitié
ἕξει· — à une disposition ;
ἡ γὰρ φίλησις — car le goût
οὐκ ἔστιν ἧττον — n'est pas moins
πρὸς τὰ ἄψυχα, — pour les choses inanimées,
ἀντιφιλοῦσι δὲ — mais on-s'-aime-réciproquement
μετὰ προαιρέσεως, — avec volonté,
ἡ δὲ προαίρεσις — or la volonté
ἀπὸ ἕξεως. — *vient* de la disposition.
Καὶ βούλονται τὰ ἀγαθὰ — Et on veut les biens (du bien,
τοῖς φιλουμένοις — aux *êtres* aimés
ἕνεκα ἐκείνων, — à cause de ceux-là,
οὐ κατὰ πάθος — non par passion,
ἀλλὰ κατὰ ἕξιν· — mais par disposition ;
καὶ φιλοῦντες τὸν φίλον — et aimant son ami   (même ;
φιλοῦσι τὸ ἀγαθὸν αὐτοῖς· — on aime *ce qui est* bon à soi-
ὁ γὰρ ἀγαθός, — car l'*homme* bon,
γινόμενος φίλος, — devenant ami,
γίνεται ἀγαθὸν — devient un bien *pour celui*
ᾧ φίλος. — auquel *il est* ami.
'Εκάτερος οὖν — Chacun-des-deux *amis* donc

τε τὸ αὑτῷ ἀγαθόν, καὶ τὸ ἴσον ἀνταποδίδωσιν τῇ βουλήσει καὶ τῷ ἡδεῖ· λέγεται γὰρ φιλότης ἡ ἰσότης.
Μάλιστα δὴ τῇ τῶν ἀγαθῶν ταῦθ' ὑπάρχει.

VI. Ἐν δὲ τοῖς στρυφνοῖς καὶ πρεσβυτικοῖς ἧττον
γίνεται ἡ φιλία, ὅσῳ δυσκολώτεροί εἰσιν, καὶ ἧττον
ταῖς ὁμιλίαις χαίρουσιν· ταῦτα γὰρ δοκεῖ μάλιστ' εἶναι φιλικὰ καὶ ποιητικὰ φιλίας. Διὸ νέοι μὲν γίνονται
φίλοι ταχύ, πρεσβῦται δ' οὔ· οὐ γὰρ γίνονται φίλοι οἷς
ἂν μὴ χαίρωσιν· ὁμοίως δ' οὐδ' οἱ στρυφνοί¹. Ἀλλ' οἱ
τοιοῦτοι εὖνοι μέν εἰσιν ἀλλήλοις (βούλονται γὰρ τἀγαθὰ καὶ ἀπαντῶσιν εἰς τὰς χρείας)· φίλοι δ' οὐ πάνυ
εἰσὶν διὰ τὸ μὴ συνημερεύειν μηδὲ χαίρειν ἀλλήλοις, ἃ
δὴ μάλιστα εἶναι δοκεῖ φιλικά.

Πολλοῖς δ' εἶναι φίλον κατὰ τὴν τελείαν φιλίαν οὐκ

ce qui lui est bon et se rendent la pareille en désir [de leur
bien réciproque] et en agrément; car qui dit amitié dit égalité. C'est donc surtout dans l'amitié des gens de bien que tout
cela se trouve.

VI. Chez les gens chagrins et qui ont l'humeur des vieillards, l'amitié est d'autant plus rare qu'ils sont plus moroses et
aiment moins la société; car c'est là surtout ce qui caractérise
et fait naître l'amitié. C'est pour cela que les jeunes gens deviennent promptement amis, et non les vieillards (car on ne
devient pas ami de ceux qui ne plaisent pas), ni non plus les
gens chagrins. [Les vieillards et les gens chagrins] sont, il est
vrai, [quand ils sont liés], bienveillants les uns pour les autres
(car ils se veulent du bien et se rapprochent pour se rendre
service), mais ils ne sont guère amis, parce qu'ils n'ont pas
un commerce assidu et qu'ils ne se plaisent pas; et c'est surtout
ce qui paraît être le propre de l'amitié.

Il n'est pas possible d'être uni à beaucoup de gens par l'ami

φιλεῖ τε τὸ ἀγαθὸν αὐτῷ, — et aime *ce qui est* bon à lui-même,

καὶ ἀνταποδίδωσιν τὸ ἴσον — et rend la pareille [que

τῇ βουλήσει — par le désir *de leur bien récipro-*

καὶ τῷ ἡδεῖ· — et par l'agrément;

ἡ γὰρ ἰσότης, — car l'égalité

λέγεται φιλότης. — est dite amitié.

Ταῦτα δὴ ὑπάρχει — Cela donc se trouve

μάλιστα τῇ τῶν ἀγαθῶν. — surtout dans *l'amitié* des bons.

VI. Ἡ δὲ φιλία — VI. D'autre part l'amitié

γίνεται ἧττον — naît moins

ἐν τοῖς στρυφνοῖς — chez les *gens* durs

καὶ πρεσβυτικοῖς, — et d'humeur-sénile,

ὅσῳ εἰσὶν δυσκολώτεροι, — d'autant qu'ils sont plus moroses,

καὶ χαίρουσιν ἧττον — et sont charmés moins

ταῖς ὁμιλίαις· — des fréquentations;

ταῦτα γὰρ δοκεῖ εἶναι — car cela paraît être

μάλιστα φιλικὰ — le plus propre-à-l'amitié

καὶ ποιητικὰ φιλίας. — et *le plus* propre-à-créer l'amitié.

Διὸ — A-cause-de-quoi

νέοι μὲν — les jeunes-gens d'une part

γίνονται ταχὺ φίλοι, — deviennent promptement amis,

οὐ δὲ πρεσβῦται· — non d'autre part les vieillards:

οὐ γὰρ γίνονται φίλοι — car on ne devient pas ami *de ceux*

οἷς μὴ χαίρωσιν ἄν· — dont on ne serait pas charmé;

ὁμοίως δὲ — et semblablement

οὐδὲ οἱ στρυφνοί. — non-plus les *gens* durs.

Ἀλλὰ οἱ τοιοῦτοί — Mais les *gens* tels

εἰσι μὲν εὖνοι — sont d'une part bienveillants

ἀλλήλοις — les-uns-pour-les-autres. [bien)

(βούλονται γὰρ τὰ ἀγαθὰ — (car ils *se* veulent les biens (du

καὶ ἀπαντῶσιν — et *se* rencontrent

εἰς τὰς χρείας)· — pour les services);

οὐ δέ εἰσιν — d'autre part ils ne sont pas

πάνυ φίλοι — beaucoup amis [semble

διὰ τὸ μὴ συνημερεύειν — par le ne pas passer-le-jour-en-

μηδὲ χαίρειν — ni n'être charmés

ἀλλήλοις, — les-uns-des-autres,

ἃ δὴ δοκεῖ εἶναι — choses qui certes paraissent être

μάλιστα — particulièrement

φιλικά. — propres-à-l'amitié.

Οὐ δὲ ἐνδέχεται — D'ailleurs il n'est-pas-possible

εἶναι φίλον πολλοῖς — d'être ami à beaucoup

κατὰ τὴν φιλίαν τελείαν, — selon l'amitié parfaite,

ἐνδέχεται, ὥσπερ οὐδὲ ἐρᾶν πολλῶν ἅμα· ἔοικεν γὰρ
ὑπερβολῇ, τὸ τοιοῦτον δὲ πρὸς ἕνα πέφυκε γίνεσθαι,
πολλοὺς δ' ἅμα τῷ αὐτῷ ἀρέσκειν σφόδρα οὐ ῥᾴδιον,
ἴσως δ' οὐδ' ἀγαθοὺς εἶναι. Δεῖ δὲ καὶ ἐμπειρίαν λαβεῖν
καὶ ἐν συνηθείᾳ γενέσθαι, ὃ παγχάλεπον. Διὰ τὸ χρήσιμον δὲ καὶ τὸ ἡδὺ πολλοὺς[1] ἀρέσκειν ἐνδέχεται· πολλοὶ γὰρ οἱ τοιοῦτοι, καὶ ἐν ὀλίγῳ χρόνῳ αἱ ὑπηρεσίαι.

Τούτων δὲ μᾶλλον ἔοικεν φιλία ἡ διὰ τὸ ἡδύ, ὅταν
ταὐτὰ ὑπ' ἀμφοῖν γίνηται καὶ χαίρωσιν ἀλλήλοις ἢ
τοῖς αὐτοῖς, οἷαι τῶν νέων εἰσὶν αἱ φιλίαι. Μᾶλλον γὰρ
ἐν ταύταις τὸ ἐλευθέριον· ἡ δὲ διὰ τὸ χρήσιμον ἀγο-
ραίων.

Καὶ οἱ μακάριοι δὲ χρησίμων μὲν οὐδὲν δέονται,
ἡδέων δέ. Συζῆν μὲν γὰρ βούλονταί τισιν, τὸ δὲ λυπηρὸν ὀλίγον μὲν χρόνον φέρουσιν, συνεχῶς δ' οὐδεὶς ἂν

tié parfaite, non plus que d'être amoureux de beaucoup de
personnes en même temps; [car une telle amitié] ressemble
à un *excès*. Elle ne peut exister qu'à l'égard d'une seule personne. Il est difficile que beaucoup de gens plaisent à un haut
degré en même temps à la même personne, et même peut-être
qu'il y ait beaucoup d'hommes vertueux. Il faut en outre s'être
vus à l'épreuve et avoir entretenu des relations habituelles, ce
qui a lieu fort difficilement [entre plusieurs]. Mais il est possible que beaucoup de gens plaisent en même temps en vue de
l'utile et de l'agréable : il s'en rencontre souvent, et il faut
d'ailleurs peu de temps pour rendre ces genres de services.

De ces deux sortes de liaisons c'est celle qui est fondée sur
l'agréable qui ressemble le plus à l'amitié, quand il y a réciprocité de part et d'autre et qu'on a du goût l'un pour l'autre
ou les mêmes goûts, comme on le voit dans les liaisons des
jeunes gens. Ces sortes d'amitiés ont davantage le caractère de
la générosité, tandis que l'amitié fondée sur l'utilité a quelque
chose de mercantile.

Quant aux gens qui vivent dans la prospérité, il ne leur faut
pas des gens utiles, mais des gens agréables. Ils aiment bien à
vivre avec quelques personnes, mais ils ne supportent pas
longtemps la peine, et du reste personne ne supporterait con-

ὥσπερ οὐδὲ ἐρᾶν | comme non-plus d'aimer
πολλῶν ἅμα· | beaucoup à-la-fois;   [un excès,
ἔοικεν γὰρ ὑπερβολῇ, | car une *telle amitié* ressemble à
τὸ δὲ τοιοῦτον | or la chose telle(une telle amitié)
πέφυκε | est-faite-naturellement
γίνεσθαι | pour exister
πρὸς ἕνα, | à l'égard d'un seul,
οὐ δὲ ῥάδιον | et il n'*est* pas facile
πολλοὺς ἅμα | beaucoup en-même-temps
ἀρέσκειν σφόδρα τῷ αὐτῷ, | plaire fortement au même,
ἴσως δὲ οὐδὲ ἀγαθοὺς | et peut-être ni *beaucoup* de bons
εἶναι. | être.
Δεῖ δὲ | D'ailleurs il faut   [*l'autre*
καὶ λαβεῖν ἐμπειρίαν | et avoir pris expérience *l'un de*
καὶ γενέσθαι ἐν συνηθείᾳ, | et avoir été en relation-habituelle.
ὃ παγχάλεπον. | ce qui *est* très-difficile.
Ἐνδέχεται δὲ | D'autre part il est-possible
πολλοὺς ἀρέσκειν | beaucoup plaire
διὰ τὸ χρήσιμον καὶ τὸ ἡδύ· | à cause de l'utile et de l'agréable;
οἱ γὰρ τοιοῦτοι πολλοί, | car les *gens* tels *sont* nombreux
καὶ αἱ ὑπηρεσίαι | et les services
ἐν ὀλίγῳ χρόνῳ. | *se rendent* en peu de temps.
Τούτων δὲ | Or de *ces amitiés*
ἡ διὰ τὸ ἡδὺ | celle à cause de l'agréable
ἔοικεν μᾶλλον φιλία, | paraît davantage amitié,
ὅταν τὰ αὐτὰ | lorsque les mêmes *procedes*
γίνηται ὑπὸ ἀμφοῖν, | viennent de tous-deux, [l'autre
καὶ χαίρωσιν ἀλλήλοις· | et qu'ils sont charmés l'un-de-
ἢ τοῖς αὐτοῖς, | ou des mêmes *objets*,
οἷαί εἰσιν | telles que sont
αἱ φιλίαι τῶν νέων. | les amitiés des jeunes-gens.
Τὸ γὰρ ἐλευθέριον | Car la générosité
μᾶλλον ἐν ταύταις, | *se trouve* davantage dans celles-là,
ἡ δὲ διὰ τὸ χρήσιμον | mais l'*amitié* à cause de l'utile
ἀγοραίων. | *est le propre* de marchands.
Καὶ οἱ μακάριοι δὲ | Et les heureux d'ailleurs
δέονται μὲν οὐδὲν | *n*'ont-besoin d'une part en rien
χρησίμων | de choses utiles,
ἡδέων δέ. | mais d'agréables,
Βούλονται μὲν γὰρ | Car d'une part ils veulent
συζῆν τισι, | vivre-avec quelques *personnes*,
φέρουσι δὲ τὸ λυπηρὸν | d'autre part ils supportent la
ὀλίγον μὲν χρόνον, | peu de temps à la vérité, [peine
οὐδεὶς δὲ | d'ailleurs personne

ὑπομεῖναι, οὐδ' αὐτὸ τὸ ἀγαθόν, εἰ λυπηρὸν αὐτῷ εἴη·
διὸ τοὺς φίλους ἡδεῖς ζητοῦσιν. Δεῖ δ' ἴσως καὶ ἀγαθοὺς ‹καθ' ἑαυτοὺς› τοιούτους ὄντας, καὶ ἔτι αὐτοῖς·
οὕτω γὰρ ὑπάρξει αὐτοῖς ὅσα δεῖ τοῖς φίλοις.

Οἱ δ' ἐν ταῖς ἐξουσίαις διῃρημένοις φαίνονται χρῆ-
σθαι τοῖς φίλοις· ἄλλοι γὰρ αὐτοῖς εἰσι χρήσιμοι καὶ
ἕτεροι ἡδεῖς, ἄμφω δ' οἱ αὐτοὶ οὐ πάνυ· οὔτε γὰρ ἡδεῖς
μετ' ἀρετῆς ζητοῦσιν οὔτε χρησίμους εἰς τὰ καλά,
ἀλλὰ τοὺς μὲν εὐτραπέλους τοῦ ἡδέος ἐφιέμενοι, τοὺς
δὲ δεινοὺς πρᾶξαι τὸ ἐπιταχθέν· ταῦτα δ' οὐ πάνυ γίνεται ἐν τῷ αὐτῷ. Ἡδὺς δὲ καὶ χρήσιμος ἅμα εἴρηται
ὅτι ὁ σπουδαῖος· ἀλλ' ὑπερέχοντι οὐ γίνεται ὁ τοιοῦτος
φίλος, ἂν μὴ καὶ τῇ ἀρετῇ ὑπερέχηται· εἰ δὲ μή, οὐκ

stamment le bien lui-même, s'il lui causait de la peine. Aussi
recherchent-ils l'agrément dans l'amitié. Peut-être doivent-ils
en'recherchant des amis agréables, les rechercher aussi bons,
et en outre bons pour eux; car ils réunissent ainsi toutes les
conditions de l'amitié.

Les hommes qui sont au pouvoir paraissent avoir deux sortes
d'amis; les uns leur sont utiles, les autres agréables, mais les
mêmes ne le sont guère à la fois [pour eux]; car ils ne recherchent ni ceux qui sont en même temps agréables et vertueux,
ni ceux qui sont utiles pour les belles actions; mais, en vue de
l'agréable, ils veulent des gens enjoués; [en vue de l'utile,] ils
veulent des gens capables de bien exécuter ce qu'on leur commande; et le même homme réunit rarement ces qualités. Nous
avons dit que l'homme vertueux est à la fois agréable et utile;
mais l'homme vertueux ne se lie pas d'amitié avec celui qui lui
est supérieur, à moins qu'il ne soit aussi surpassé en vertu;
sinon, il n'est pas son égal, parce que son infériorité n'est pas
compensée par une supériorité proportionnelle de son côté.

ὑπομεῖναι ἂν	ne supporterait
συνεχῶς,	continuellement,
οὐδὲ τὸ ἀγαθὸν αὐτό,	pas-même le bien même,
εἰ εἴη λυπηρὸν αὐτῷ·	s'il était pénible pour lui;
διὸ ζητοῦσιν	c'est pourquoi ils recherchent
τοὺς φίλους ἡδεῖς.	les amis agréables.
Δεῖ δὲ ἴσως	Et peut-être faut-il [mêmes
καὶ ἀγαθοὺς κατὰ ἑαυτοὺς	*rechercher* aussi les bons en eux-
ὄντας τοιούτους,	étant tels (agréables),
καὶ ἔτι αὐτοῖς·	et en-outre *bons* pour eux;
οὕτω γὰρ ὑπάρξει αὐτοῖς	car de-cette-façon sera à eux
ὅσα δεῖ τοῖς φίλοις.	tout ce qu'il faut *être* aux amis.
Οἱ δὲ	D'autre part *ceux étant*
ἐν ταῖς ἐξουσίαις	dans les charges
φαίνονται χρῆσθαι	paraissent user
τοῖς φίλοις διῃρημένοις·	d'amis distincts (de deux sortes);
ἄλλοι γάρ εἰσι	car les uns sont
χρήσιμοι αὐτοῖς	utiles à eux
καὶ ἕτεροι ἡδεῖς,	et d'autres agréables,
οἱ δὲ αὐτοὶ οὐ πάνυ	mais les mêmes ne *sont* guère
ἄμφω·	tous-deux (utiles et agréables)
οὔτε γὰρ ζητοῦσι	car ni ils ne recherchent
ἡδεῖς	des *gens* agréables
μετὰ ἀρετῆς	avec vertu (et vertueux),
οὔτε χρησίμους	ni des *gens* utiles
εἰς τὰ καλά,	pour les belles *actions*
ἀλλὰ μὲν ἐφιέμενοι	mais d'une part désirant
τοῦ ἡδέος	l'agréable
τοὺς εὐτραπέλους,	*ils recherchent* les *gens* enjoués,
τοὺς δὲ δεινοὺς	d'autre part les *gens* habiles
πρᾶξαι τὸ ἐπιταχθέν·	à exécuter l'*ordre* prescrit;
ταῦτα δὲ οὐ γίνεται πάνυ	or ces *qualités* n'existent guère
ἐν τῷ αὐτῷ.	dans le même *homme*.
Εἴρηται δὲ	D'autre part il a été dit
ὅτι ὁ σπουδαῖος	que l'*homme* vertueux
ἡδὺς ἅμα καὶ χρήσιμος·	est à-la-fois agréable et utile:
ὁ δὲ τοιοῦτος	mais l'*homme* tel
οὐ γίνεται φίλος	ne devient pas ami
ὑπερέχοντι,	à *celui* qui *le* surpasse,
ἂν μὴ καὶ ὑπερέχηται	s'il n'est aussi surpassé
τῇ ἀρετῇ·	par la vertu;
εἰ δὲ μή,	sinon,
ὑπερεχόμενος οὐκ ἰσάζει	étant surpassé il n'est-pas-égal
ἀνάλογον.	proportionnellement.

ἰσάζει ἀνάλογον ὑπερεχόμενος. Οὐ πάνυ δ᾽ εἰώθασιν
τοιοῦτοι γίνεσθαι.

Εἰσὶ δ᾽ οὖν αἱ εἰρημέναι φιλίαι ἐν ἰσότητι· τὰ γὰρ
αὐτὰ γίνεται ἀπ᾽ ἀμφοῖν καὶ βούλονται ἀλλήλοις, ἢ
ἕτερον ἀνθ᾽ ἑτέρου ἀντικαταλλάττονται οἷον ἡδονὴν ἀντ᾽
ὠφελείας. Ὅτι δ᾽ ἧττον εἰσὶν αὗται φιλίαι καὶ μένουσιν, εἴρηται. Δοκοῦσι δὲ καὶ δι᾽ ὁμοιότητα καὶ ἀνομοιότητα ταὐτοῦ[1] εἶναί τε καὶ οὐκ εἶναι φιλίαι· καθ᾽
ὁμοιότητα γὰρ τῆς κατ᾽ ἀρετὴν φαίνονται φιλίαι (ἡ μὲν
γὰρ τὸ ἡδὺ ἔχει, ἡ δὲ τὸ χρήσιμον, ταῦτα δ᾽ ὑπάρχει
κἀκείνῃ), τῷ δὲ τὴν μὲν ἀδιάβλητον καὶ μόνιμον εἶναι,
ταύτας δὲ ταχέως μεταπίπτειν ἄλλοις τε διαφέρειν πολλοῖς, οὐ φαίνονται φιλίαι, δι᾽ ἀνομοιότητα ἐκείνης.

VII. Ἕτερον δ᾽ ἐστὶ φιλίας εἶδος τὸ καθ᾽ ὑπεροχήν,
οἷον πατρὶ πρὸς υἱὸν καὶ ὅλως πρεσβυτέρῳ πρὸς νεώτε-

Mais il est bien rare de rencontrer la supériorité en vertu
jointe aux autres.

Les deux sortes d'amitiés dont nous venons de parler sont
fondées sur l'égalité; car il y a réciprocité de la même espèce
de services, et ils se veulent [le même bien], ou bien ils échan-
gent un avantage contre un autre, par exemple le plaisir contre
l'utile. Mais, comme nous l'avons dit, ces sortes de liaisons ont
moins le caractère de l'amitié et sont moins durables. En outre,
il semble que, par suite de leur ressemblance et de leur différence avec la même espèce d'amitié [celle qui est fondée sur la
vertu], elles sont et ne sont pas des amitiés. En tant qu'elles
ressemblent à l'amitié fondée sur la vertu, elles paraissent être
des amitiés; car l'une a l'agréable, l'autre a l'utile, et les deux
se rencontrent dans l'amitié parfaite. Mais en tant que l'amitié
fondée sur la vertu est à l'abri de la calomnie et durable, tandis que les deux autres espèces d'amitiés changent promptement, sans compter beaucoup d'autres différences, elles ne paraissent pas être des amitiés, parce qu'elles ne ressemblent pas
à l'amitié fondée sur la vertu.

VII. Il est une autre sorte d'amitié, celle qui unit le supérieur
à l'inférieur, comme les pères aux fils, et en général le plus âgé

Οὐ δὲ πάνυ εἰώθασιν	Or *les gens en charge*, n'out guère
εἶναι	d'être [coutume
τοιοῦτοι.	tels (supérieurs en vertu).
Αἱ δὲ οὖν φιλίαι	Or donc les amitiés
εἰρημέναι	mentionnées
εἰσὶν ἐν ἰσότητι·	sont dans l'égalité ;
τὰ γὰρ αὐτὰ	car les mêmes *services*
γίνεται ἀπὸ ἀμφοῖν	viennent de tous-deux
καὶ βούλονται	et ils veulent *la même chose*
ἀλλήλοις,	l'un-pour-l'autre,
ἢ ἀντικαταλλάττονται	ou ils échangent
ἕτερον ἀντὶ ἑτέρου	une chose contre une autre,
οἷον ἡδονὴν ἀντὶ ὠφελείας.	comme plaisir contre utilité.
Εἴρηται δὲ ὅτι	D'autre part il a été dit que
αὐταί εἰσιν ἧττον φιλίαι,	ces amitiés sont moins des amitiés
καὶ μένουσιν.	et durent *moins*.
Δοκοῦσι δὲ	Or elles paraissent
καὶ διὰ ὁμοιότητα	et par ressemblance
καὶ ἀνομοιότητα	et par différence
τοῦ αὐτοῦ	avec la même chose
εἶναί τε καὶ οὐκ εἶναι φιλίαι·	et être et n'être pas des amitiés ;
κατὰ γὰρ ὁμοιότητα	car par ressemblance
τῆς κατὰ ἀρετὴν	avec l'*amitié* selon la vertu
φαίνονται φιλίαι	elles paraissent *être* des amitiés
(ἡ μὲν γὰρ ἔχει τὸ ἡδύ,	(car l'une a l'agréable,
ἡ δὲ τὸ χρήσιμον,	l'autre l'utile,
ταῦτα δὲ ὑπάρχει	or ces *avantages* appartiennent
καὶ ἐκείνῃ),	aussi à celle-là),
τῷ δὲ τὴν μὲν εἶναι	mais par le celle-ci être
ἀδιάβλητον καὶ μόνιμον,	sourde-à-la-calomnie et durable,
ταύτας δὲ	et celles-là
μεταπίπτειν ταχέως	changer promptement
διαφέρειν τε	et différer
πολλοῖς ἄλλοις,	par beaucoup d'autres *points*,
οὐ φαίνονται	elles ne paraissent pas *être*
φιλίαι,	des amitiés, [mière).
διὰ ἀνομοιότητα ἐκείνης.	par différence avec elle (la pre-
VII. Ἔστι δὲ	VII. Or il est
ἕτερον εἶδος φιλίας	une autre sorte d'amitié
τὸ κατὰ ὑπεροχήν,	celle par supériorité,
οἷον πατρὶ πρὸς υἱόν	comme au père pour le fils
καὶ ὅλως	et généralement
πρεσβυτέρῳ πρὸς νεώτερον,	au plus âgé pour un plus jeune,

ρον, ἀνδρί τε πρὸς γυναῖκα καὶ παντὶ ἄρχοντι πρὸς ἀρ-
χόμενον. Διαφέρουσιν δ' αὗται καὶ ἀλλήλων· οὐ γὰρ ἡ
αὐτὴ γονεῦσιν πρὸς τέκνα καὶ ἄρχουσι πρὸς ἀρχομένους,
ἀλλ' οὐδὲ πατρὶ πρὸς υἱὸν καὶ υἱῷ πρὸς πατέρα, οὐδ'
ἀνδρὶ πρὸς γυναῖκα καὶ γυναικὶ πρὸς ἄνδρα. Ἑτέρα γὰρ
ἑκάστῳ τούτων ἀρετὴ καὶ τὸ ἔργον, ἕτερα δὲ καὶ δι' ἃ
φιλοῦσιν· ἕτεραι οὖν καὶ αἱ φιλήσεις καὶ αἱ φιλίαι.
Ταὐτὰ μὲν δὴ οὔτε γίνεται ἑκατέρῳ παρὰ θατέρου οὔτε
δεῖ ζητεῖν· ὅταν δὲ γονεῦσι μὲν τέκνα ἀπονέμῃ ἃ δεῖ τοῖς
γεννήσασιν, γονεῖς δὲ υἱέσιν ἃ δεῖ τοῖς τέκνοις, μόνιμος
ἡ τῶν τοιούτων καὶ ἐπιεικὴς ἔσται φιλία. Ἀνάλογον δ'
ἐν πάσαις ταῖς καθ' ὑπεροχὴν οὔσαις φιλίαις καὶ τὴν
φίλησιν δεῖ γίνεσθαι, οἷον τὸν ἀμείνω μᾶλλον φιλεῖσθαι
ἢ φιλεῖν, καὶ τὸν ὠφελιμώτερον, καὶ τῶν ἄλλων ἕκαστον ὁμοίως· ὅταν γὰρ κατ' ἀξίαν ἡ φίλησις γίνηται,

au moins âgé, l'homme à la femme, et quiconque a autorité au
subordonné. Ces amitiés diffèrent encore entre elles; elle n'est
pas la même pour les parents à l'égard des enfants et pour ceux
qui commandent à l'égard de ceux qui obéissent; et elle n'est
pas non plus la même pour le père à l'égard du fils et le fils à
l'égard du père, ni pour l'homme à l'égard de la femme et la
femme à l'égard de l'homme. En chacune de ces situations la
vertu est autre comme la tâche, autres aussi sont les motifs pour
lesquels on aime; par conséquent autres aussi sont les attache-
ments et les amitiés. Il en résulte que chacun n'a pas les mêmes devoirs à attendre de l'autre, ni à réclamer; mais quand
les enfants rendent aux parents ce qui leur est dû, et réciproquement les parents, ce qui est dû aux enfants, l'amitié dans ces
conditions est durable et irréprochable. Or, dans toutes les
amitiés où il y a supériorité d'un côté, il faut que l'attachement soit proportionnel : par exemple, que celui qui est le
meilleur soit plus aimé qu'il n'aime, de même celui qui est le
plus utile, et semblablement chacun de ceux qui ont les autres
espèces de supériorités. Car, quand l'attachement [de l'un] est

ἀνδρί τε πρὸς γυναῖκα | et à l'homme pour la femme
καὶ παντὶ ἄρχοντι | et à tout *homme* commandant
πρὸς ἀρχόμενον. | pour l'*homme* commandé.
Αὗται δὲ καὶ διαφέρουσιν | Et celles-ci encore diffèrent
ἀλλήλων· | les-unes-des-autres;
ἡ γὰρ αὐτὴ | car la même *amitié*   [fants
οὐ γονεῦσιν πρὸς τέκνα | n'*est* pas aux parents pour les en-
καὶ ἄρχουσι | et à *ceux* qui commandent
πρὸς ἀρχομένους, | pour *ceux* qui sont commandés,
ἀλλὰ οὐδὲ πατρὶ | mais non-plus au père
πρὸς υἱὸν | pour le fils
οὐδὲ υἱῷ πρὸς πατέρα, | ni au fils pour le père,
οὐδὲ ἀνδρὶ πρὸς γυναῖκα | ni à l'homme pour la femme
καὶ γυναικὶ πρὸς ἄνδρα. | et à la femme pour l'homme.
Ἑκάστῳ γὰρ τούτων | Car à chacun de ceux-ci
ἑτέρα ἀρετὴ | autre *est* le mérite
καὶ τὸ ἔργον, | et *autre* la tâche,
ἕτερα δὲ καὶ | et autres *sont* aussi   [ment;
διὰ ἃ φιλοῦσιν· | *les motifs* pour lesquels ils ai-
ἕτεραι οὖν καὶ | autres donc également *sont*
αἱ φιλήσεις καὶ φιλίαι. | les attachements et les amitiés.
Οὔτε μὲν δὴ | Ni d'une part donc
τὰ αὐτὰ γίνεται | les mêmes *devoirs* ne sont
ἑκατέρῳ | à chacun des deux
παρὰ τοῦ ἑτέρου, | de la part de l'autre,
οὔτε δεῖ ζητεῖν· | ni il ne faut chercher les *mêmes;*
ὅταν δὲ τέκνα | d'autre part lorsque les enfants
ἀπονέμῃ μὲν γονεῦσιν | rendent d'un côté à *leurs* parents
ἃ δεῖ | ce qu'il faut *rendre*
τοῖς γεννήσασιν, | à *ceux* qui *les* ont enfantés,
γονεῖς δὲ υἱέσιν | d'un autre côté les parents aux fils
ἃ δεῖ τοῖς τέκνοις, | ce qu'il faut *rendre* aux enfants,
ἡ φιλία τῶν τοιούτων | l'amitié de telles *personnes,*
ἔσται μόνιμος καὶ ἐπιεικής. | sera durable et convenable.
Δεῖ δὲ | D'autre part il faut
ἐν πάσαις ταῖς φιλίαις | dans toutes les amitiés
οὔσαις κατὰ ὑπεροχὴν | existant par supériorité
καὶ τὴν φίλησιν εἶναι | l'attachement aussi être
ἀνάλογον, | proportionnel,
οἷον τὸν ἀμείνω | comme celui qui *est* le meilleur
φιλεῖσθαι μᾶλλον ἢ φιλεῖν, | être aimé plus qu'aimer,
καὶ τὸν ὠφελιμώτερον, | ainsi que le plus utile,   [autres;
καὶ ὁμοίως ἕκαστον τῶν ἄλλων· | et semblablement chacun des
ὅταν γὰρ ἡ φίλησις | car lorsque l'attachement

τότε γίνεταί πως ἰσότης, ὃ δὴ τῆς φιλίας εἶναι δοκεῖ.

Οὐχ ὁμοίως δὲ τὸ ἴσον ἔν τε τοῖς δικαίοις καὶ ἐν τῇ φιλίᾳ φαίνεται ἔχειν· ἔστιν γὰρ ἐν μὲν τοῖς δικαίοις ἴσον πρώτως τὸ κατ' ἀξίαν, τὸ δὲ κατὰ ποσὸν δευτέρως, ἐν δὲ τῇ φιλίᾳ τὸ μὲν κατὰ ποσὸν πρώτως, τὸ δὲ κατ' ἀξίαν δευτέρως. Δῆλον δ', ἐὰν πολὺ διάστημα γένηται ἀρετῆς, ἢ κακίας ἢ εὐπορίας ἢ τινος ἄλλου· οὐ γὰρ ἔτι φίλοι εἰσίν, ἀλλ' οὐδ' ἀξιοῦσιν. Ἐμφανέστατον δὲ τοῦτο ἐπὶ τῶν θεῶν· πλεῖστον γὰρ οὗτοι πᾶσι τοῖς ἀγαθοῖς ὑπερέχουσιν. Δῆλον δὲ καὶ ἐπὶ τῶν βασιλέων· οὐδὲ γὰρ τούτοις ἀξιοῦσιν εἶναι φίλοι οἱ πολὺ καταδεέστεροι, οὐδὲ τοῖς ἀρίστοις ἢ σοφωτάτοις οἱ μηδενὸς ἄξιοι. Ἀκριβὴς μὲν οὖν ἐν τοῖς τοιούτοις οὐκ ἔστιν ὁρισμός, ἕως τίνος

en proportion de la supériorité [de l'autre], il s'établit alors une sorte d'égalité : ce qui paraît être de l'essence de l'amitié.

L'égalité ne paraît pas être la même en matière de justice et en amitié. En effet, en matière de justice, l'égalité proportionnelle vient en premier lieu, l'égalité quantitative, en second lieu ; mais en amitié l'égalité quantitative est au premier rang, l'égalité proportionnelle au second. C'est évident, quand il y a une grande distance entre les hommes, en vertu, en vice, en richesse, ou en toute autre chose, ils ne sont plus amis, et même ils n'y prétendent pas. C'est très manifeste à l'égard des dieux ; car ils ont la plus grande supériorité en avantages de toute espèce. C'est évident aussi à l'égard des rois ; car ceux qui sont d'une condition très inférieure ne prétendent pas non plus à être leurs amis, comme ceux qui n'ont aucune valeur ne prétendent pas non plus à être amis de ceux qui sont d'une vertu éminente ou d'un mérite supérieur. On ne peut donc marquer avec précision jusqu'à quelle limite l'amitié

γίνηται κατὰ ἀξίαν,	existe selon le mérite,
τότε γίνεταί πως	alors existe en–quelque–sorte
ἰσότης,	égalité,
ὃ δὴ δοκεῖ εἶναι	ce qui certes paraît être
τῆς φιλίας.	le caractère de l'amitié.
Τὸ δὲ ἴσον	Or l'égalité
οὐ φαίνεται ἔχειν ὁμοίως	ne paraît pas être semblablement
ἔν τε τοῖς δικαίοις	et dans les choses justes
καὶ ἐν τῇ φιλίᾳ·	et dans l'amitié;
ἐν γὰρ μὲν τοῖς	car d'une part dans les choses
δικαίοις	justes
ἐστὶν πρώτως ἴσον	est au–premier–rang l'égalité
τὸ κατὰ ἀξίαν,	celle selon le mérite,
δευτέρως δὲ	et au–second–rang
τὸ κατὰ ποσόν,	celle selon la quantité,
ἐν δὲ τῇ φιλίᾳ	d'autre part dans l'amitié
τὸ μὲν κατὰ ποσὸν	celle certes selon la quantité
πρώτως,	est au–premier–rang,
τὸ δὲ κατὰ ἀξίαν	et celle selon le mérite
δευτέρως.	au–second–rang.
Δῆλον δέ,	Or cela est évident,
ἐὰν	si
πολὺ διάστημα ἀρετῆς	une grande différence de mérite
ἢ κακίας ἢ εὐπορίας	ou de vice ou de richesse
ἤ τινος ἄλλου	ou de quelque autre chose
γίνηται·	existe;
οὐ γάρ εἰσιν ἔτι φίλοι,	car ils ne sont plus amis,
ἀλλ᾽ ἀ οὐδὲ ἀξιοῦσιν.	mais ils ne prétendent pas–même
Τοῦτο δὲ ἐμφανέστατον	Or cela est très–manifeste [l'être.
ἐπὶ τῶν θεῶν·	à propos des dieux;
οὗτοι γὰρ ὑπερέχουσ.	car ceux-ci l'emportent
πλεῖστον	de beaucoup
πᾶσι τοῖς ἀγαθοῖς.	par tous les biens.
Δῆλον δὲ καὶ	Et évident aussi,
ἐπὶ τῶν βασιλέων·	à propos des rois;
οὐδὲ γὰρ	car ni
οἱ καταδεέστεροι πολὺ	ceux inférieurs de beaucoup
ἀξιοῦσιν εἶναι φίλοι τούτοις,	ne prétendent être amis à eux,
οὐδὲ οἱ ἄξιοι	ni ceux n'étant dignes
μηδενός	d'aucune estime
τοῖς ἀρίστοις καὶ σοφωτάτοις.	aux meilleurs et aux plus habiles.
Ὁρισμὸς μὲν οὖν ἀκριβὴς	Donc délimitation exacte
οὐκ ἔστιν ἐν τοῖς τοιούτοις	n'est pas dans de tels cas,
ἕως τινὸς [οἱ] φίλοι·	jusqu'à quel point on est ami ;

[οἱ] φίλοι[1]· πολλῶν γὰρ ἀφαιρουμένων ἔτι μένει[2], πολὺ δὲ χωρισθέντος[3], οἷον τοῦ θεοῦ, οὐκέτι.

Ὅθεν καὶ ἀπορεῖται[4], μή ποτ᾽ οὐ βούλονται οἱ φίλοι τοῖς φίλοις τὰ μέγιστα τῶν ἀγαθῶν, οἷον θεοὺς εἶναι· οὐ γὰρ ἔτι φίλοι ἔσονται αὐτοῖς, οὐδὲ δὴ ἀγαθά· οἱ γὰρ φίλοι ἀγαθά. Εἰ δὴ καλῶς εἴρηται ὅτι ὁ φίλος τῷ φίλῳ βούλεται τἀγαθὰ ἐκείνου ἕνεκα, μένειν ἂν δέοι οἷός ποτ᾽ ἐστὶν ἐκεῖνος· ἀνθρώπῳ δὲ ὄντι βουλήσεται τὰ μέγιστα ἀγαθά. Ἴσως δ᾽ οὐ πάντα· αὐτῷ γὰρ μάλισθ᾽ ἕκαστος βούλεται τἀγαθά.

VIII. Οἱ πολλοὶ δὲ δοκοῦσιν διὰ φιλοτιμίαν βούλεσθαι φιλεῖσθαι μᾶλλον ἢ φιλεῖν (διὸ φιλοκόλακες οἱ πολλοί· ὑπερεχόμενος γὰρ φίλος ὁ κόλαξ, ἢ προσποιεῖται τοιοῦτος ‹εἶναι› καὶ μᾶλλον φιλεῖν ἢ φιλεῖσθαι)· τὸ δὲ φιλεῖσθαι ἐγγὺς εἶναι δοκεῖ τοῦ τιμᾶσθαι, οὗ δὴ οἱ πολ-

subsiste dans ces conditions; car, quand on a beaucoup retranché [de ce qui rapproche], elle subsiste encore; mais quand la distance est grande, comme à l'égard de la divinité, il n'y a plus d'amitié.

Aussi met-on en question si les amis doivent désirer pour leurs amis les plus grands de tous les biens, comme d'être dieux; car dès lors ils ne seront plus pour eux des amis, ni par conséquent des biens, puisque les amis sont des biens. Si donc on a raison de dire qu'un ami veut du bien à son ami pour lui-même, cet ami devrait rester ce qu'il est; s'il est homme, ou désirera pour lui les plus grands des biens [que comporte la condition humaine], mais peut-être pas tous; car chacun veut le bien avant tout pour soi-même.

VIII. Il semble que la plupart des hommes, par amour de la considération, désirent être aimés plutôt que d'aimer; et c'est pourquoi ils aiment les flatteurs; car le flatteur aime qui lui est supérieur, ou du moins il en fait semblant et d'aimer plutôt que d'être aimé. L'amitié qu'on inspire ressemble de près à la considération, dont la plupart des hommes sont avides.

πολλῶν γὰρ | car beaucoup de choses
ἀφαιρουμένων | étant retranchées		[ami,
ἔτι μένει, | *celui qui est dépassé reste* encore
χωρισθέντος δὲ | d'autre part *celui qui dépasse*
πολύ, | beaucoup,		[étant séparé
οἷον τοῦ θεοῦ, | comme la divinité,		[*ami*.
οὐκέτι. | *celui qui est surpassé* n'*est* plus

῞Οθεν καὶ ἀπορεῖται | D'où aussi il est mis en-doute
μή ποτε οἱ φίλοι | est-ce-que-par-hasard les amis
οὐ βούλονται τοῖς φίλοις | ne désirent pas pour leurs amis
τὰ μέγιστα τῶν ἀγαθῶν, | les plus grands des biens,
οἷον εἶναι θεούς· | comme d'être dieux ;
οὐ γὰρ ἔσονται ἔτι | car ils ne seront plus
φίλοι αὐτοῖς, | amis pour eux,
οὐδὲ δὴ ἀγαθά· | ni donc des biens ;
οἱ γὰρ φίλοι ἀγαθά. | car les amis *sont* des biens.
Εἰ δὴ εἴρηται καλῶς | Si donc il a été dit justement.
ὅτι ὁ φίλος | que l'ami		[l'ami
βούλεται τὰ ἀγαθὰ φίλῳ | désire les biens (du bien) pour
ἕνεκα ἐκείνου, | à cause de celui-là,
δέοι ἂν μένειν | il faudrait l'*ami* rester
οἷος ἐκεῖνός ἐστί ποτε· | *tel* qu'il est une fois ;
βουλήσεται δὲ | or il désirera
τὰ μέγιστα ἀγαθὰ | les plus grands biens
ὄντι ἀνθρώπῳ. | pour *lui* étant homme.
῎Ισως δὲ οὐ πάντα· | Mais peut-être pas tous *les biens ;*
ἕκαστος γὰρ βούλεται τὰ ἀγαθὰ | car chacun désire les biens
μάλιστα αὑτῷ. | surtout pour lui-même.

VIII. Οἱ πολλοὶ δὲ | VIII. D'un autre côté la plupart
δοκοῦσιν | semblent
διὰ φιλοτιμίαν | par amour-de-la-considération
βούλεσθαι φιλεῖσθαι | vouloir être aimés
μᾶλλον ἢ φιλεῖν | plutôt qu'aimer
(διὸ οἱ πολλοὶ | (c'est pourquoi la plupart
φιλοκόλακες· | *sont* aimant-les-flatteurs ;
ὁ γὰρ κόλαξ | car le flatteur *est*		[rieur),
φίλος ὑπερεχόμενος, | un ami surpassé (d'un rang infé-
ἢ προσποιεῖται εἶναι τοιοῦτος | ou feint d'être tel
καὶ φιλεῖν | et d'aimer
μᾶλλον ἢ φιλεῖσθαι)· | plutôt que d'être aimé) ;
τὸ δὲ φιλεῖσθαι δοκεῖ εἶναι ἐγγὺς | or le être aimé paraît être proche
τοῦ τιμᾶσθαι, | du être honoré,
οὗ δὴ οἱ πολλοὶ ἐφίενται. | *ce* que certes la plupart désirent.

λοὶ ἐφίενται. Οὐ δι᾽ αὐτὸ¹ δ᾽ ἐοίκασιν αἱρεῖσθαι τὴν
τιμήν, ἀλλὰ κατὰ συμβεβηκός. Χαίρουσι γὰρ οἱ μὲν
πολλοὶ ὑπὸ τῶν ἐν ταῖς ἐξουσίαις τιμώμενοι διὰ τὴν
ἐλπίδα (οἴονται γὰρ τεύξεσθαι παρ᾽ αὐτῶν, ἄν του δέων-
ται· ὡς δὴ σημείῳ τῆς εὐπαθείας χαίρουσιν τῇ τιμῇ)·
οἱ δ᾽ ὑπὸ τῶν ἐπιεικῶν καὶ εἰδότων ὀρεγόμενοι τιμῆς,
βεβαιῶσαι τὴν οἰκείαν δόξαν ἐφίενται περὶ αὐτῶν. Χαίρουσιν δὴ ὅτι εἰσὶν ἀγαθοί, πιστεύοντες τῇ τῶν λεγόντων κρίσει. Τῷ φιλεῖσθαι δὲ καθ᾽ αὐτὸ χαίρουσιν. Διὸ
δόξειεν ἂν κρεῖττον εἶναι τοῦ τιμᾶσθαι, καὶ ἡ φιλία
καθ᾽ αὑτὴν αἱρετὴ εἶναι.

Δοκεῖ δ᾽ ἐν τῷ φιλεῖν μᾶλλον ἢ ἐν τῷ φιλεῖσθαι εἶναι. Σημεῖον δ᾽ αἱ μητέρες τῷ φιλεῖν χαίρουσαι· ἔνιαι
γὰρ διδόασι τὰ ἑαυτῶν τρέφεσθαι, καὶ φιλοῦσι μὲν
εἰδυῖαι, ἀντιφιλεῖσθαι δ᾽ οὐ ζητοῦσιν, ἐὰν ἀμφότερα μὴ

Ils ne semblent pas tenir d'ailleurs à la considération pour elle-
même, mais seulement par accident; car s'ils aiment à être
considérés par ceux qui sont au pouvoir, c'est à cause de ce
qu'ils en espèrent : ils pensent qu'ils en obtiendront ce dont
ils ont besoin, et ainsi ils aiment la considération comme une
promesse de bonheur. Quant à ceux qui désirent être considérés des honnêtes gens et de ceux qui s'y connaissent, ils
aspirent à confirmer l'opinion qu'ils ont d'eux-mêmes. Ils sont
flattés de se reconnaître pour des gens de bien, d'après le jugement de ceux qui le disent. Mais être aimé plaît par soi-
même. Aussi il semblerait qu'il vaille mieux être aimé plutôt
que d'être considéré, et que l'amitié soit désirable par elle-même.

Il semble qu'elle consiste à aimer plutôt qu'à être aimé
Ce qui en est l'indice, c'est que les mères se plaisent à
aimer [leurs enfants]. Il en est qui les donnent à nourrir,
et qui [se contentent] de savoir qu'elles aiment, sans
chercher à être aimées à leur tour, si la réciprocité est

Οὐ δὲ ἐοίκασιν
αἱρεῖσθαι τὴν τιμὴν διὰ αὐτό,
ἀλλὰ κατὰ συμβεβηκός.
Οἱ μὲν γὰρ πολλοὶ
χαίρουσιν τιμώμενοι
ὑπὸ τῶν ἐν ταῖς ἐξουσίαις
διὰ τὴν ἐλπίδα
(οἴονται γὰρ
τεύξεσθαι παρὰ αὐτῶν,
ἂν δέωνταί του·
χαίρουσιν δὴ
τῇ τιμῇ
ὡς σημείῳ εὐπαθείας)·
οἱ δὲ ὀρεγόμενοι
τιμῆς
ὑπὸ τῶν ἐπιεικῶν
καὶ εἰδότων,
ἐφίενται βεβαιῶσαι
τὴν οἰκείαν δόξαν
περὶ αὐτῶν.
Χαίρουσιν δὴ ὅτι
εἰσὶν ἀγαθοί,
πιστεύοντες τῇ κρίσει
τῶν λεγόντων.
Χαίρουσιν δὲ τῷ φιλεῖσθαι
κατὰ αὐτό.
Διὸ δόξειεν ἂν
εἶναι κρεῖττον
τοῦ τιμᾶσθαι,
καὶ ἡ φιλία εἶναι αἱρετὴ
κατὰ αὐτήν.
 Δοκεῖ δὲ εναι
ἐν τῷ φιλεῖν
μᾶλλον ἢ ἐν τῷ φιλεῖσθαι.
Αἱ δὲ μητέρες σημεῖον
χαίρουσαι τῷ φιλεῖν·
ἔνιαι γὰρ διδόασι
τὰ ἑαυτῶν
τρέφεσθαι,
καὶ φιλοῦσι μὲν
εἰδυῖαι,
οὐ δὲ ζητοῦσιν
ἀντιφιλεῖσθαι,
ἐὰν ἀμφότερα

D'ailleurs ils ne semblent pas
désirer la considération en soi,
mais par accident.
Car d'un côté la plupart
se réjouissent étant considérés
par les *gens* en places
à cause de l'espérance
(car ils croient
devoir obtenir d'eux,
s'ils ont-besoin de quelque chose :
ils se réjouissent donc
de la considération
comme d'un indice de jouissance);
d'autre part ceux désirant
de la considération
de-la-part des *gens* honnêtes
et sachant,
aspirent à confirmer
leur propre opinion
sur eux-mêmes.
Ils se réjouissent donc de ce que
ils sont bons,
s'en rapportant au jugement
de ceux qui *le* disent.
Mais on se réjouit du être aimé
en soi (pour être aimé).   [trait
C'est pourquoi *le être aimé* paraî-
être meilleur
que le être considéré,
et l'amitié être désirable
en soi.
Or *l'amitié* semble être
dans le aimer
plutôt que dans le être aimé.
Et les mères *en sont* l'indice
se réjouissant d'aimer;
car quelques-unes donnent
les *enfants* d'elles-mêmes
pour être nourris,
et aiment d'une part   [ment).
le sachant (sachant qu'elles ai-
d'autre part elles ne cherchent pas
à être aimées-en-retour,
si les deux choses

ἐνδέχηται, ἀλλ' ἱκανὸν αὐταῖς ἔοικεν εἶναι ἐὰν ὁρῶσιν εὖ πράττοντας, καὶ αὐταὶ φιλοῦσιν αὐτοὺς κἂν ἐκεῖνοι μηδὲν ὧν μητρὶ προσήκει ἀπονέμωσι διὰ τὴν ἄγνοιαν.

Μᾶλλον δὲ τῆς φιλίας οὔσης ἐν τῷ φιλεῖν, καὶ τῶν φιλοφίλων ἐπαινουμένων, φίλων ἀρετὴ τὸ φιλεῖν ἔοικεν, ὥστ' ἐν οἷς τοῦτο γίνεται κατ' ἀξίαν, οὗτοι μόνιμοι φίλοι καὶ ἡ τούτων φιλία. Οὕτω δ' ἂν καὶ οἱ ἄνισοι μάλιστ' εἶεν φίλοι· ἰσάζοιντο γὰρ ἄν. Ἡ δ' ἰσότης καὶ ὁμοιότης φιλότης, καὶ μάλιστα μὲν ἡ τῶν κατ' ἀρετὴν ὁμοιότης· μόνιμοι γὰρ ὄντες καθ' αὑτοὺς καὶ πρὸς ἀλλήλους μένουσιν, καὶ οὔτε δέονται φαύλων οὔθ' ὑπηρετοῦσι τοιαῦτα, ἀλλ' ὡς εἰπεῖν καὶ διακωλύουσιν· τῶν ἀγαθῶν γὰρ μήτ' αὐτοὺς ἁμαρτάνειν μήτε τοῖς φίλοις ἐπιτρέπειν. Οἱ δὲ μοχθηροὶ τὸ μὲν βέβαιον οὐκ ἔχουσιν· οὐδὲ

impossible; il semble qu'il leur suffise de les voir heureux, et elles les aiment à elles seules, quoique l'ignorance les empêche de rendre à une mère rien de ce qui lui est dû.

Puisque l'amitié consiste plutôt à aimer, et que l'on vante ceux qui aiment leurs amis, la *vertu* en amitié semble être d'aimer. En sorte que ceux qui aiment en proportion [de ce qu'ils doivent] sont des amis solides, et leur amitié est durable. Ainsi l'amitié pourrait se trouver à un haut degré dans l'inégalité, car l'égalité se rétablirait par là. Or l'amitié repose sur l'égalité et la ressemblance, surtout la ressemblance en vertu; car les gens de bien, constants par eux-mêmes, le restent aussi les uns envers les autres. Ils ne demandent rien de vil, ils ne rendent pas ce genre de services et même en quelque sorte ils empêchent leurs amis [de rien faire de tel]. Car le propre des gens de bien est de ne pas faillir eux-mêmes et de ne pas le permettre à leurs amis. Les gens vicieux n'ont pas de fidélité, puisqu'ils ne demeurent pas

μὴ ἐνδέχηται,	ne sont-pas-possibles,
ἀλλὰ ἔοικεν αὐταῖς	mais il paraît à elles
εἶναι ἱκανὸν	être suffisant
ἐὰν ὁρῶσιν	si elles *les* voient [ται).
πράττοντας εὖ,	faisant bien *leurs affaires* (en bon
καὶ αὐταὶ φιλοῦσιν αὐτοὺς	et elles aiment eux
καὶ ἂν ἐκεῖνοι ἀπονέμωσι	même si ceux-ci *ne* rendent
διὰ ἄγνοιαν,	par ignorance, [mère.
μηδὲν ὧν προσήκει μητρί.	rien de *ce* qui appartient à une
Τῆς δὲ φιλίας οὔσης	Or l'amitié étant
μᾶλλον ἐν τῷ φιλεῖν,	plutôt dans le aimer,
καὶ τῶν φιλοφίλων	et ceux qui-aiment-leurs-amis
ἐπαινουμένων,	étant loués,
τὸ φιλεῖν ἔοικεν	le aimer semble *être*
ἀρετὴ φίλων,	vertu d'amis,
ὥστε οὗτοι ἐν οἷς	de sorte que ceux dans lesquels
τοῦτο γίνεται	cela a-lieu
κατὰ ἀξίαν,	selon le mérite,
φίλοι μόνιμοι,	*sont* des amis durables,
καὶ ἡ φιλία τούτων.	et (ainsi que) l'amitié d'eux.
Οὕτω δὲ	Or de-cette-façon
καὶ οἱ ἄνισοι	même les inégaux
εἶεν ἂν μάλιστα φίλοι·	seraient très amis ;
ἰσάζοιντο γὰρ ἄν.	car ils deviendraient-égaux.
Ἡ δὲ ἰσότης καὶ ὁμοιότης	Or l'égalité et la ressemblance
φιλότης,	*sont* l'amitié,
καὶ μάλιστα μὲν	et surtout d'une part
ἡ ὁμοιότης	la ressemblance
τῶν κατὰ ἀρετήν·	de ceux selon la vertu ;
ὄντες γὰρ μόνιμοι	car étant constants
κατὰ αὐτοὺς	par eux-mêmes
μένουσιν	ils *le* restent
καὶ πρὸς ἀλλήλους,	aussi les-uns-pour-les-autres,
καὶ οὔτε δέονται	et ni ils ne demandent
φαύλων	de choses mauvaises [(mauvais),
οὔτε ὑπηρετοῦσι τοιαῦτα,	ni ils ne rendent-des-services tels
ἀλλὰ καὶ διακωλύουσιν	mais même ils *les* empêchent
ὡς εἰπεῖν·	pour *ainsi* dire :
τῶν γὰρ ἀγαθῶν	car *c'est le propre* des bons
μήτε ἁμαρτάνειν αὐτοὺς	ni de faillir eux-mêmes [*faillir*.
μήτε ἐπιτρέπειν τοῖς φίλοις.	ni de permettre à leurs amis *de*
Οἱ δὲ μοχθηροὶ	D'autre part les *gens* pervers
οὐκ ἔχουσι μὲν τὸ βέβαιον·	n'ont pas certes la constance ;
οὐδὲ γὰρ διαμένουσιν	car ils ne restent pas-même

γὰρ αὐτοῖς διαμένουσιν ὅμοιοι ὄντες· ἐπ᾽ ὀλίγον δὲ χρόνον γίνονται φίλοι, χαίροντες τῇ ἀλλήλων μοχθηρίᾳ.. Οἱ
χρήσιμοι δὲ καὶ ἡδεῖς ἐπὶ πλεῖον διαμένουσιν· ἕως γὰρ
ἂν πορίζωσιν ἡδονὰς ἢ ὠφελείας ἀλλήλοις.

Ἐξ ἐναντίων δὲ μάλιστα μὲν δοκεῖ ἡ διὰ τὸ χρήσιμον γίνεσθαι φιλία, οἷον πένης πλουσίῳ, ἀμαθὴς εἰ-
δότι· οὐ γὰρ τυγχάνει τις ἐνδεὴς ὤν, τούτου ἐφιέμενος
ἀντιδωρεῖται ἄλλο. Ἐνταῦθα δ᾽ ἄν τις ἕλκοι καὶ ἐρα-
στὴν καὶ ἐρώμενον, καὶ καλὸν καὶ αἰσχρόν. Διὸ φαίνονται καὶ οἱ ἐρασταὶ γελοῖοι ἐνίοτε, ἀξιοῦντες φιλεῖσθαι
ὡς φιλοῦσιν· ὁμοίως δὴ φιλητοὺς ὄντας ἴσως ἀξιωτέον,
μηδὲν δὲ τοιοῦτον ἔχοντας γελοῖον. Ἴσως δὲ οὐδ᾽ ἐφίεται
τὸ ἐναντίον τοῦ ἐναντίου καθ᾽ αὑτό, ἀλλὰ κατὰ συμβεβηκός, ἡ δ᾽ ὄρεξις τοῦ μέσου ἐστίν· τοῦτο γὰρ ἀγαθόν, οἷον

même semblables à eux-mêmes; ils ne sont liés que pour peu
de temps et par le plaisir qu'ils trouvent réciproquement dans
leur corruption. Les amitiés fondées sur l'utile ou l'agrément
sont plus durables; car elles durent tant qu'on se procure des
plaisirs ou qu'on se rend service.

C'est surtout l'amitié fondée sur l'utilité qui paraît s'établir
entre les contraires, comme entre le pauvre et le riche, l'i-
gnorant et le savant; aspirant à obtenir ce qui manque, on
donne autre chose en échange. On pourrait rapporter ici [la
liaison] de l'amant avec la personne aimée, du beau avec le
laid. Aussi les amoureux paraissent parfois ridicules, quand
ils ont la prétention d'être aimés comme ils aiment. On en a
peut-être le droit quand on est aussi aimable [que la personne
aimée]; mais en dehors de ce cas, c'est ridicule. Peut-être
d'ailleurs le contraire ne recherche-t-il pas son contraire en
lui-même, mais par accident. La tendance [naturelle] est vers
le milieu; car c'est le bien; ainsi il n'est pas bon pour l'humide

ὅμοιοι αὐτοῖς· | semblables à eux-mêmes;
γίνονται δὲ φίλοι | mais ils deviennent amis
ἐπὶ ὀλίγον χρόνον | pour peu de temps,
χαίροντες τῇ μοχθηρίᾳ | se réjouissant de la perversité
ἀλλήλων. | les-uns-des-autres.
Οἱ χρήσιμοι δὲ | Mais les *amis* utiles
καὶ ἡδεῖς | et *les amis* agréables
διαμένουσιν | *le* restent
ἐπὶ πλεῖον· | pendant plus *de temps;*
ἕως γὰρ πορίζωσιν ἂν | en effet tant qu'ils fournissent
ἀλλήλοις | les-uns-aux-autres
ἡδονὰς ἢ ὠφελείας. | plaisirs ou avantages.
Ἡ δὲ φιλία | D'autre part l'amitié
διὰ τὸ χρήσιμον | *existant* à cause de l'utile
δοκεῖ γίνεσθαι μάλιστα | paraît naître surtout
ἐξ ἐναντίων, | de contraires,
οἷον πένης πλουσίῳ, | comme le pauvre *est* au riche,
ἀμαθὴς εἰδότι· | l'ignorant à *celui* qui sait ;
ἐφιέμενος γὰρ τούτου | car aspirant à cela
οὗ τις τυγχάνει ὢν ἐνδεής, | dont on se trouve étant manquant
ἀντιδωρεῖται | il (on) donne-en-échange
ἄλλο. | autre chose.   [paraître)
Τίς δὲ ἕλκοι ἂν | Or quelqu'un tirerait (ferait com-
ἐνταῦθα | ici
καὶ ἐραστὴν καὶ ἐρώμενον, | et l'amant et l'*objet* aimé,
καὶ καλὸν καὶ αἰσχρόν. | et le beau et le laid.
Διὸ καὶ οἱ ἐρασταὶ | C'est pourquoi aussi les amants
φαίνονται ἐνίοτε γελοῖοι, | paraissent quelquefois ridicules,
ἀξιοῦντες φιλεῖσθαι | prétendant être aimés
ὡς φιλοῦσιν· | comme ils aiment ;
ἴσως ἀξιωτέον | peut-être faut-il prétendre *à cela*
ὄντας δὴ | étant certes (quand on est)
ὁμοίως φιλητούς, | également aimable,
γελοῖον δὲ | mais il *est* ridicule d'*y prétendre*
ἔχοντας μηδὲν τοιοῦτον. | quand on n'a rien de tel.
Ἴσως δὲ τὸ ἐναντίον | Peut-être d'ailleurs le contraire
οὐδὲ ἐφίεται | ne recherche-t-il pas non-plus
τοῦ ἐναντίου | le contraire
κατὰ αὐτό, | par lui-même,
ἀλλὰ κατὰ συμβεβηκός, | mais par accident,
ἡ δὲ ὄρεξις τοῦ μέσου | et la tendance du (vers le) milieu
ἐστίν· | est-elle:
τοῦτο γὰρ ἀγαθόν, | car c'est le bien,
οἷον τῷ ὑγρῷ, | comme pour l'humide,

τῷ ὑγρῷ οὐ ξηρῷ γενέσθαι, ἀλλ' ἐπὶ τὸ μέσον ἐλθεῖν, καὶ τῷ θερμῷ καὶ τοῖς ἄλλοις ὁμοίως.

IX. Ταῦτα μὲν οὖν ἀφείσθω (καὶ γάρ ἐστιν ἀλλοτριώτερα)· ἔοικεν δέ, καθάπερ ἐν ἀρχῇ εἴρηται περὶ ταὐτὰ καὶ ἐν τοῖς αὐτοῖς εἶναι ἥ τε φιλία καὶ τὸ δίκαιον. Ἐν ἁπάσῃ γὰρ κοινωνίᾳ δοκεῖ τι δίκαιον εἶναι, καὶ φιλία δέ· προσαγορεύουσι γοῦν ὡς φίλους τοὺς σύμπλους καὶ τοὺς συστρατιώτας, ὁμοίως δὲ καὶ τοὺς ἐν ταῖς ἄλλαις κοινωνίαις. Καθ' ὅσον δὲ κοινωνοῦσιν, ἐπὶ τοσοῦτον ἔστι φιλία· καὶ γὰρ τὸ δίκαιον. Καὶ ἡ παροιμία « κοινὰ τὰ φίλων », ὀρθῶς· ἐν κοινωνίᾳ γὰρ ἡ φιλία. Ἔστιν δὲ ἀδελφοῖς μὲν καὶ ἑταίροις πάντα κοινά, τοῖς δ' ἄλλοις ἀφωρισμένα, καὶ τοῖς μὲν πλείω, τοῖς δὲ ἐλάττω· καὶ γὰρ τῶν φιλιῶν αἱ μὲν μᾶλλον, αἱ δ' ἧττον. Διαφέρει δὲ καὶ τὰ δίκαια· οὐ γὰρ ταὐτὰ

de devenir sec, mais d'en venir à l'état intermédiaire ; de même pour le chaud et les autres qualités.

IX. Mais laissons de côté ces considérations qui sont trop étrangères à notre sujet. Il semble, comme il a été dit au commencement, que l'amitié et la justice se rapportent aux mêmes objets et se rencontrent dans les mêmes conditions. En toute communauté d'existence, il paraît y avoir une espèce de justice, et aussi de l'amitié. Ce qui est certain, c'est qu'on s'adresse à ceux avec qui l'on navigue ou l'on fait la guerre comme à des amis ; il en est de même dans les autres circonstances où l'on vit ensemble. L'amitié s'y rencontre dans la mesure où la communauté se resserre ; car il en est de même de la justice. Le proverbe « entre amis, tout est commun » est de toute justesse ; car l'amitié est dans la communauté. Tout est commun entre frères et entre compagnons ; il y a séparation pour les autres, plus ou moins grande suivant les cas ; car les liaisons sont plus ou moins étroites. Il y a de même différentes espèces de justice ; elle n'est pas la même entre parents et enfants,

οὐ γενέσθαι ξηρῷ,
ἀλλὰ ἐλθεῖν ἐπὶ τὸ μέσον,
καὶ ὁμοίως τῷ θερμῷ
καὶ τοῖς ἄλλοις

il n'est *pas bon* de devenir sec,
mais de venir à l'intermédiaire,
et semblablement pour le chaud
et les autres *qualités*.

IX. Ταῦτα μὲν οὖν
ἀφείσθω
(καὶ γάρ ἐστιν
ἀλλοτριώτερα)·
ἡ δέ τε φιλία
καὶ τὸ δίκαιον ἔοικεν εἶναι,
καθάπερ εἴρηται ἐν ἀρχῇ,
περὶ τὰ αὐτὰ
καὶ ἐν τοῖς αὐτοῖς.
Ἐν ἁπάσῃ γὰρ κοινωνίᾳ
δοκεῖ εἶναί τι δίκαιον
καὶ φιλία δέ·
προσαγορεύουσιν οὖν
ὡς φίλους
τοὺς σύμπλους
καὶ τοὺς συστρατιώτας,
ὁμοίως δὲ καὶ τοὺς
ἐν ταῖς ἄλλαις κοινωνίαις.
Φιλία δὲ ἐστὶν
ἐπὶ τοσοῦτον κατὰ ὅσον
κοινωνοῦσιν·
καὶ γὰρ τὸ δίκαιον.
Καὶ ἡ παροιμία
« τὰ φίλων κοινά »
ὀρθῶς·
ἡ γὰρ φιλία
ἐν κοινωνίᾳ.
Πάντα δέ ἐστιν κοινὰ
ἀδελφοῖς μὲν
καὶ ἑταίροις,
τοῖς δὲ ἄλλοις ἀφωρισμένα,
καὶ πλείω τοῖς μέν,
ἐλάττω τοῖς δέ·
καὶ γὰρ τῶν φιλιῶν
αἱ μὲν μᾶλλον,
αἱ δὲ ἧττον.
Καὶ δὲ τὰ δίκαια
διαφέρει·
οὐ γὰρ τὰ αὐτὰ

IX. Que d'une part donc ces *con-
soient laissées   [sidérations*
(et en effet-elles-sont
plus étrangères) ;
d'autre part et l'amitié
et le juste semblent être,
comme il a été dit au début,
touchant les mêmes *objets*
et dans les mêmes *personnes.*
Car dans toute communauté
paraît être quelque-chose de juste.
ainsi que de l'amitié d'autre part :
on adresse-la-parole donc
comme à des amis.
aux compagnons-de-navigation
et aux compagnons-d'armes,
et semblablement aussi à ceux
dans les autres communautés.
Or amitié est
autant que (dans la mesure où)
on vit-en-commun ;
car aussi le juste *y* est.
Et le proverbe,
« les *biens* des amis *sont* com-
a été dit justement ;   [muns »
car l'amitié *est*
dans la communauté.
Or tout est commun
pour les frères d'une part
et les camarades,   [*est* distinct,
d'autre part pour les autres *tout*
et plus pour les uns,
moins pour les autres ;
car des amitiés
les unes sont plus *des amitiés*
les autres *le sont* moins.   [aussi
D'autre part les choses justes
diffèrent ;   [*justes*
car non les mêmes choses ne *sont*

γονεῦσι πρὸς τέκνα, καὶ ἀδελφοῖς πρὸς ἀλλήλους, οὐδ᾽
ἑταίροις καὶ πολίταις, ὁμοίως δὲ καὶ ἐπὶ τῶν ἄλλων
φιλιῶν.

Ἕτερα δὴ καὶ τὰ ἄδικα πρὸς ἑκάστους τούτων, καὶ
αὔξησιν λαμβάνει τῷ μᾶλλον πρὸς φίλους εἶναι, οἷον
χρήματα ἀποστερῆσαι ἑταῖρον δεινότερον ἢ πολίτην,
καὶ μὴ βοηθῆσαι ἀδελφῷ ἢ ὀθνείῳ, καὶ πατάξαι πατέρα ἢ ὁντινοῦν ἄλλον. Αὔξεσθαι δὲ πέφυκεν ἅμα τῇ
φιλίᾳ καὶ τὸ δίκαιον, ὡς ἐν τοῖς αὐτοῖς ὄντα καὶ ἐπ᾽
ἴσον διήκοντα.

Αἱ δὲ κοινωνίαι πᾶσαι μορίοις ἐοίκασιν τῆς πολιτικῆς. Συμπορεύονται[1] γὰρ ἐπί τινι συμφέροντι, καὶ πορι-
ζόμενοί τι τῶν εἰς τὸν βίον· καὶ ἡ πολιτικὴ δὲ κοινωνία τοῦ συμφέροντος χάριν δοκεῖ καὶ ἐξ ἀρχῆς συνελθεῖν

entre frères, entre compagnons, entre concitoyens, non plus
qu'entre ceux qui sont liés par les autres espèces d'amitiés.

L'injustice n'est pas non plus la même dans tous ces rap-
ports, et elle devient plus grande à l'égard de ceux qui sont
plus amis; ainsi enlever de l'argent est plus coupable envers
un compagnon qu'envers un concitoyen, ne pas secourir est
plus coupable envers un frère qu'envers un étranger, frapper
est plus coupable envers un père qu'envers n'importe qui. La
justice a plus de droit à mesure que l'amitié se resserre, parce
qu'elle se rencontre dans les mêmes conditions et s'étend dans
la même mesure.

Toutes les associations semblent être des parties de la société civile. En effet on se réunit en vue de quelque intérêt et
pour se procurer quelqu'une des choses utiles à la vie; la société
civile, elle aussi, paraît avoir été formée à l'origine et se mainte-

γονεῦσι πρὸς τέκνα,	pour les parents envers les enfants
καὶ ἀδελφοῖς	et aux frères
πρὸς ἀλλήλους,	à l'égard les-uns-des autres,
οὐδὲ ἑταίροις	ni-même aux camarades
καὶ πολίταις,	et aux citoyens,
ὁμοίως δὲ καὶ	et semblablement aussi
ἐπὶ τῶν ἀλλῶν φιλιῶν.	touchant les autres amitiés,
Ἕτερα δὴ καὶ	Autres donc aussi
τὰ ἄδικα	*sont* les injustices
πρὸς ἑκάστους τούτων,	envers chacun de ceux-ci,
καὶ λαμβάνει	et elles prennent
αὔξησιν	de l'accroissement
τῷ εἶναι μᾶλλον	par le être (s'adresser) plus
πρὸς φίλους,	à des amis,
οἷον δεινότερον	comme *il est* plus affreux
ἀποστερῆσαι χρήματα	de dépouiller d'argent
ἑταῖρον	un camarade
ἢ πολίτην,	qu'un citoyen,
καὶ μὴ βοηθῆσαι ἀδελφῷ	et de ne pas secourir un frère
ἢ ὀθνείῳ,	qu'un étranger
καὶ πατάξαι πατέρα	et de frapper *son* père
ἢ ὁντινοῦν ἄλλον.	que quelque autre.
Καὶ δὲ τὸ δίκαιον	Et d'autre part la justice
πέφυκεν	est disposée-naturellement
αὔξεσθαι	à croître
ἅμα τῇ φιλίᾳ,	avec l'amitié,
ὡς ὄντα	comme choses étant
ἐν τοῖς αὐτοῖς	dans les mêmes *personnes*
καὶ διήκοντα	et s'étendant
ἐπὶ ἴσον.	dans la même *mesure*.
Πᾶσαι δὲ	D'autre part toutes
αἱ κοινωνίαι	les communautés
ἐοίκασιν μορίοις	ressemblent à des parties
τῆς πολιτικῆς.	de la *communauté* politique.
Συμπορεύονται γὰρ	Car on marche-ensemble.
ἐπί τινι συμφέροντι,	en vue de quelque avantage,
καὶ ποριζόμενοί	et cherchant-à-se-procurer
τι	quelque-chose
τῶν εἰς τὸν βίον·	de celles *utiles* à la vie ;
καὶ ἡ δὲ κοινωνία	et d'autre part la communauté
πολιτικὴ	politique
δοκεῖ	semble
καὶ συνελθεῖν ἐξ ἀρχῆς	et s'être formée dès le principe
καὶ διαμένειν	et subsister

καὶ διαμένειν. Τούτου γὰρ καὶ οἱ νομοθέται στοχάζον-
ται, καὶ δίκαιόν φασιν εἶναι τὸ κοινῇ συμφέρον. Αἱ
μὲν οὖν ἄλλαι κοινωνίαι κατὰ μέρη τοῦ συμφέροντος
ἐφίενται, οἷον πλωτῆρες μὲν τοῦ κατὰ τὸν πλοῦν πρὸς
ἐργασίαν χρημάτων ἤ τι τοιοῦτον, συστρατιῶται δὲ
τοῦ κατὰ τὸν πόλεμον, εἴτε χρημάτων εἴτε νίκης ἢ πόλεως ὀρεγόμενοι, ὁμοίως δὲ καὶ φυλέται καὶ δημόται [1] ·
ἔνιαι δὲ τῶν κοινωνιῶν δι' ἡδονὴν δοκοῦσι γίνεσθαι,
θιασωτῶν καὶ ἐρανιστῶν· αὗται γὰρ θυσίας ἕνεκα καὶ
συνουσίας. Πᾶσι δ' αὗται ὑπὸ τὴν πολιτικὴν ἐοίκασιν
εἶναι· οὐ γὰρ τοῦ παρόντος συμφέροντος ἡ πολιτικὴ
ἐφίεται, ἀλλ' εἰς ἅπαντα τὸν βίον, θυσίας τε ποιοῦντες [2] καὶ περὶ ταύτας συνόδους, τιμὰς ἀπονέμοντες
τοῖς θεοῖς, καὶ αὐτοῖς ἀναπαύσεις πορίζοντες μεθ'
ἡδονῆς. Αἱ γὰρ ἀρχαῖαι θυσίαι καὶ σύνοδοι φαίνονται

---

nir par l'intérêt. Les législateurs s'en préoccupent, et on dit
vulgairement que ce qui est dans l'intérêt général est juste.
Les autres associations tendent à l'intérêt sous quelque rapport particulier ; ainsi ceux qui s'embarquent ont en vue l'intérêt résultant de la navigation, qui est de gagner de l'argent ou
quelque chose de semblable, ceux qui s'associent pour combattre
ont en vue l'intérêt qui résulte de la guerre, et veulent avoir de
l'argent ou obtenir la victoire ou conquérir une ville ; les membres
d'une même tribu, les concitoyens d'un même dème [ont de même
en vue un intérêt particulier]. Quelques associations semblent
être formées en vue du plaisir, comme celles qui se réunissent pour célébrer des fêtes ou faire des pique-niques ; car on
veut alors offrir des sacrifices et se trouver ensemble. Toutes
ces associations paraissent subordonnées à la société civile. En
effet, la société civile n'a pas en vue l'intérêt du moment, mais
celui de toute la vie... les sacrifices et les réunions institués à
cette occasion pour rendre hommage aux dieux et se procurer
un délassement agréable. Il semble qu'autrefois les sacrifices et
les réunions [dont ils étaient l'occasion] avaient lieu après la

χάριν τοῦ συμφέροντος.	en vue de l'intérêt.
Οἱ γὰρ νομοθέται	Car les législateurs
καὶ στοχάζονται τούτου	et visent à cela,
καί φασι	et disent [mun
τὸ συμφέρον κοινῇ	*ce* qui est-dans-l'intérêt en-com-
εἶναι δίκαιον.	être juste.
Αἱ μὲν οὖν ἄλλαι κοινωνίαι	Donc les autres communautés
ἐφίενται τοῦ συμφέροντος	aspirent à l'intérêt
κατὰ μέρη,	par parties,
οἷον πλωτῆρες μὲν	comme les navigateurs d'une part
τοῦ	aspirent à l'*intérêt*
κατὰ τὸν πλοῦν	concernant la navigation
πρὸς ἐργασίαν χρημάτων	pour acquisition d'argent
ἤ τι τοιοῦτον,	ou quelque-chose telle, [d'armes
συστρατιῶται δὲ	d'autre part les compagnons-
τοῦ	aspirent à l'*intérêt*
κατὰ τὸν πόλεμον,	concernant la guerre,
ὀρεγόμενοι εἴτε χρημάτων	désirant soit de l'argent,
εἴτε νίκης ἢ πόλεως,	soit la victoire ou une ville,
ὁμοίως δὲ καὶ	et semblablement aussi
φυλέται	les membres-d'une-même-tribu
καὶ δημόται·	et les membres-d'un-même-dème;
ἔνιαι δὲ	d'autre part quelques-unes
τῶν κοινωνιῶν	des communautés
δοκοῦσι γίνεσθαι διὰ ἡδονήν,	semblent naître à cause du plaisir,
θιασωτῶν	*celles* des *gens* qui-fêtent
καὶ ἐρανιστῶν·	et des convives-par-écot;
αὗται γὰρ ἕνεκα	car celles-ci *ont-lieu* en-vue
θυσίας καὶ συνουσίας.	de sacrifice et de réunion.
Πᾶσαι δὲ αὗται	Or toutes ces *associations*
ἐοίκασιν εἶναι	semblent être
ὑπὸ τὴν πολιτικήν·	sous l'*association* politique :
ἡ γὰρ πολιτικὴ ἐφίεται	car l'*association* politique aspire
οὐ τοῦ συμφέροντος παρόντος,	non à l'intérêt présent,
ἀλλὰ εἰς ἅπαντα τὸν βίον,	mais *à celui* pour toute la vie,
ποιοῦντές τε θυσίας	et faisant des sacrifices
καὶ συνόδους	et des réunions
περὶ ταύτας,	à propos de ces *sacrifices*,
ἀπονέμοντες τιμὰς τοῖς θεοῖς	rendant des honneurs aux dieux,
καὶ πορίζοντες αὑτοῖς	et *se* procurant à eux-mêmes
καταπαύσεις μετὰ ἡδονῆς.	des délassements avec du plaisir.
Αἱ γὰρ ἀρχαῖαι θυσίαι	Car les anciens sacrifices
καὶ σύνοδοι	et les *anciennes* réunions
φαίνονται γίνεσθα	paraissent avoir-lieu

γίνεσθαι μετὰ τὰς τῶν καρπῶν συγκομιδάς, οἷον ἀπαρ-
χαί· μάλιστα γὰρ ἐν τούτοις ἐσχόλαζον τοῖς καιροῖς.
Πᾶσαι δὴ φαίνονται αἱ κοινωνίαι μόρια τῆς πολιτικῆς
εἶναι· ἀκολουθήσουσι δ' αἱ τοιαῦται φιλίαι ταῖς τοιαύταις κοινωνίαις.

Χ. Πολιτείας δ' ἔστιν εἴδη τρία, ἴσαι δὲ καὶ παρεκβάσεις, οἷον φθοραὶ τούτων. Εἰσὶ δ' αἱ μὲν πολιτεῖαι βασιλεία τε καὶ ἀριστοκρατία, τρίτη δ' ἡ ἀπὸ
τιμημάτων[1], ἣν τιμοκρατικὴν λέγειν οἰκεῖον φαίνεται,
πολιτείαν[2] δ' αὐτὴν εἰώθασιν οἱ πλεῖστοι καλεῖν.

Τούτων δὲ βελτίστη μὲν ἡ βασιλεία, χειρίστη δὲ ἡ
τιμοκρατία. Παρέκβασις δὲ βασιλείας μὲν τυραννίς·
ἄμφω γὰρ μοναρχίαι, διαφέρουσι δὲ πλεῖστον. Ὁ μὲν
γὰρ τύραννος τὸ ἑαυτῷ συμφέρον σκοπεῖ, ὁ δὲ βασιλεὺς τὸ τῶν ἀρχομένων. Οὐ γάρ ἐστι βασιλεὺς ὁ
μὴ αὐτάρκης καὶ πᾶσι τοῖς ἀγαθοῖς ὑπερέχων.

récolte des fruits comme des prémices [qu'on offrait aux dieux.]
Car c'était surtout en cette circonstance qu'on avait du loisir.
Ainsi il semble que toutes les associations ne sont que des
parties de la société civile; et à chaque espèce d'association
répondra une espèce analogue d'amitié.

X. Il y a trois espèces de gouvernements, et autant de ma-
nières de dévier [de la forme propre à chacune d'elles], qui
en sont comme la corruption. Ces formes sont la royauté, l'aristocratie, la forme qui repose sur le cens, qu'on pourrait appeler
proprement timocratie, mais à laquelle on donne en général la
plupart du temps le nom de *politie*.

De ces formes la meilleure est la royauté, la pire est la timocratie. La tyrannie est une déviation de la royauté; car l'une
et l'autre sont des *monarchies;* mais elles diffèrent prodigieuse-
ment, le tyran ayant en vue son intérêt personnel, le roi, l'intérêt
de ses sujets. En effet on n'est pas roi, si on ne se suffit pas à soi-
même et si on n'a pas toutes sortes de supériorités sur les autres;

μετὰ τὰς συγχομιδὰς
τῶν καρπῶν,
οἷον ἀπαρχαί·
ἐσχόλαζον γὰρ μάλιστα
ἐν τούτοις τοῖς καιροῖς.
Πᾶσαι δὴ κοινωνίαι
φαίνονται εἶναι μόρια
τῆς πολιτικῆς·
αἱ δὲ φιλίαι τοιαῦται
ἀκολουθήσουσι
ταῖς κοινωνίαις τοιαύταις.

après les récoltes
des fruits,
comme des prémices;
car ils avaient-du-loisir surtout
dans ces occasions-là.
Donc toutes les communautés
semblent être des parties
de la *communauté* politique;
or les amitiés telles
suivront(correspondront à)
les communautés telles.

X. Εἴδη δὲ πολιτείας
ἐστὶ τρία,
ἴσαι δὲ καὶ
παρεκβάσεις,
οἷον φθόραι τούτων.
Αἱ δὲ πολιτεῖαι
εἰσὶ μὲν
βασιλεία τε
καὶ ἀριστοκρατία,
τριτὴ δὲ
ἡ ἀπὸ τιμημάτων,
ἣν φαίνεται οἰκεῖον
λέγειν τιμοκρατικήν,
οἱ δὲ πλεῖστοι εἰώθασιν
καλεῖν αὐτὴν πολιτείαν.
Τούτων δὲ ἡ βασιλεία
βελτίστη μέν,
χειρίστη δὲ
ἡ τιμοκρατία.
Τυραννὶς δὲ
παρέκβασις βασιλείας μέν·
ἄμφω γὰρ
μοναρχίαι,
διαφέρουσι δὲ πλεῖσταν.
Ὁ μὲν γὰρ τύραννος
σκοπεῖ τὸ συμφέρον ἑαυτῷ,
ὁ δὲ βασιλεὺς
τὸ τῶν ἀρχομένων.
Οὐ γάρ ἐστι βασιλεὺς
ὁ μὴ αὐτάρκης
καὶ ὑπερέχων
πᾶσι τοῖς ἀγαθοῖς.

X. Or les espèces de gouverne-
sont *au nombre de* trois   [ment
et égales aussi *en nombre*
les déviations
comme les corruptions d'elles.
Et ces gouvernements
sont d'une part
et royauté
et aristocratie,
d'autre part troisième
le *gouvernement résultant* du cens,
lequel il paraît convenable
d'appeler timocratique,
mais la plupart ont-coutume
d'appeler lui politie.   [royauté
Or de ces *gouvernements* la
est le meilleur d'une part,
le plus mauvais d'autre part
est la timocratie.
Or la tyrannie   [d'une part;
est la déviation de la royauté
car toutes-deux
sont des monarchies,
mais elles diffèrent très-fort.
Car d'un côté le tyran
examine l'intérêt à lui-même,
le roi d'un autre côté *examine*
celui de ses sujets.
Car il n'est pas roi
celui qui-ne-se-suffit pas
et qui *ne* surpasse *pas les autres*
par tous les biens.   [*hommes,.*

Ὁ δὲ τοιοῦτος οὐδενὸς προσδεῖται· τὰ ὠφέλιμα οὖν αὐτῷ
μὲν οὐκ ἂν σκοποίη, τοῖς δ᾽ἀρχομένοις· ὁ γὰρ μὴ τοιοῦτος κληρωτὸς [1] ἄν τις εἴη βασιλεύς. Ἡ δὲ τυραννὶς ἐξ
ἐναντίας ταύτῃ· τὸ γὰρ ἑαυτῷ [2] ἀγαθὸν διώκει. Καὶ
φανερώτερον [3] ἐπὶ ταύτης ὅτι χειρίστη· κάκιστον γὰρ
τὸ ἐναντίον τῷ βελτίστῳ.

Μεταβαίνει [4] δ᾽ ἐκ βασιλείας εἰς τυραννίδα· φαυ-
λότης γάρ ἐστι μοναρχίας ἡ τυραννίς· ὁ δὴ μοχθηρὸς
βασιλεὺς τύραννος γίνεται. Ἐξ ἀριστοκρατίας δὲ εἰς
ὀλιγαρχίαν κακίᾳ τῶν ἀρχόντων, οἳ νέμουσι τὰ τῆς
πόλεως παρὰ τὴν ἀξίαν, καὶ πάντα ἢ τὰ πλεῖστα τῶν
ἀγαθῶν ἑαυτοῖς, καὶ τὰς ἀρχὰς ἀεὶ τοῖς αὐτοῖς, περὶ
πλείστου ποιούμενοι τὸ πλουτεῖν· ὀλίγοι δὴ ἄρχουσιν
καὶ μοχθηροὶ ἀντὶ τῶν ἐπιεικεστάτων. Ἐκ δὲ τιμο-
κρατίας εἰς δημοκρατίαν· σύνοροι γάρ εἰσιν αὗται·
πλήθους [5] γὰρ βούλεται καὶ ἡ τιμοκρατία εἶναι, καὶ
ἴσοι πάντες οἱ ἐν τῷ τιμήματι.

or dans cette situation on n'a besoin de rien de plus : par conséquent le roi ne considérera pas ce qui lui est utile, mais le
bien de ses sujets. Celui qui n'est pas dans cette situation serait
comme un roi tiré au sort. La tyrannie est l'opposé de la
royauté; car le tyran ne recherche que son propre avantage. Il
est encore plus évident que la tyrannie est le pire des gouvernements ; car le contraire du meilleur est le pire.

La royauté est sujette à se changer en tyrannie, car la tyrannie
est la corruption de la royauté, et par conséquent un mauvais
roi devient tyran. L'aristocratie se change en oligarchie par la
corruption de ceux qui exercent le pouvoir, quand ils ne tiennent pas compte du mérite dans la distribution des honneurs,
qu'ils s'attribuent à eux-mêmes tous ou presque tous les avantages, qu'ils confèrent toujours les magistratures aux mêmes
hommes, ne faisant cas que de la richesse. Il en résulte que le
pouvoir n'est plus exercé que par un petit nombre et par les
plus mauvais, au lieu des plus estimables. La timocratie se
change en démocratie, car ces deux formes confinent l'une avec
l'autre : le gouvernement timocratique tend à être celui du
grand nombre, et tous ceux qui ont le cens sont égaux.

Ὁ δὲ τοιοῦτος	Or celui *qui est* tel
προσδεῖται οὐδενός·	n'a besoin-en-outre de rien;
οὐ μὲν οὖν σκοποίη ἂν	d'une part donc il n'examinerait
τὰ ὠφέλιμα αὐτῷ,	les choses utiles à lui-même [pas
τοῖς δὲ ἀρχομένοις·	mais *celles utiles* à ses sujets;
ὁ γὰρ μὴ τοιοῦτος	car celui qui n'*est* pas tel
εἴη ἂν τις βασιλεὺς κληρωτός.	serait un roi tiré-au-sort.
Ἡ δὲ τυραννὶς	Mais la tyrannie [royauté);
ἐξ ἐναντίας ταύτῃ·	*est* en opposition à celle-là (la
διώκει γὰρ	car il (le tyran) poursuit
τὸ ἀγαθὸν ἑαυτῷ.	ce *qui est* bon pour lui-même.
Καὶ φανερώτερον ἐπὶ ταύτης	Et il *est* plus évident sur celle-ci
ὅτι χειρίστη·	qu'elle est la plus mauvaise;
τὸ γὰρ ἐναντίον τῷ βελτίστῳ	car le contraire au meilleur
κάκιστον.	*est* le pire.
Μεταβαίνει δὲ	Or changement-a-lieu
ἐκ βασιλείας εἰς τυραννίδα·	de la royauté en tyrannie;
ἡ γὰρ τυραννίς ἐστι	car la tyrannie est
φαυλότης βασιλείας·	*le* vice de la royauté;
ὁ δὴ μοχθηρὸς βασιλεὺς	donc le mauvais roi
γίνεται τύραννος.	devient tyran. [cratie
Ἐξ ἀριστοκρατίας δὲ	Et *changement-a-lieu* de l'aristo-
εἰς ὀλιγαρχίαν	en oligarchie
κακίᾳ τῶν ἀρχόντων,	par perversité des gouvernants,
οἳ νέμουσι	qui attribuent
τὰ τῆς πόλεως	les choses de la ville
παρὰ τὴν ἀξίαν,	contrairement au mérite
καὶ πάντα	et tous *les biens*
ἢ τὰ πλεῖστα τῶν ἀγαθῶν	ou la plupart des biens
ἑαυτοῖς,	à eux-mêmes,
καὶ τὰς ἀρχὰς	et les magistratures
ἀεὶ τοῖς αὐτοῖς,	toujours aux mêmes,
ποιούμενοι περὶ πλείστου	estimant du plus grand *prix*
τὸ πλουτεῖν.	le être-riche;
ὀλίγοι δὴ ἄρχουσιν,	peu donc gouvernent,
καὶ μοχθηροὶ	et des méchants
ἀντὶ τῶν ἐπιεικεστάτων.	au lieu des plus honnêtes. [cratie
Ἐκ δὲ τιμοκρατίας	Et *changement-a-lieu* de la timo-
εἰς δημοκρατίαν·	en democratie;
αὗται γὰρ εἰσιν σύνοροι·	car elles sont limitrophes;
καὶ γὰρ ἡ τιμοκρατία	car et la timocratie [nombre,
βούλεται εἶναι πλήθους,	veut être le *gouvernement* du
καὶ πάντες οἱ ἐν τῷ τιμήματι	et tous ceux *qui sont* dans le cens
ἴσοι.	sont égaux.

Ἥκιστα δὲ μοχθηρόν ἐστιν ἡ δημοκρατία· ἐπὶ μικρὸν γὰρ παρεκβαίνει τὸ τῆς πολιτείας εἶδος. Μεταβάλ-
λουσι μὲν οὖν μάλισθ' οὕτως αἱ πολιτεῖαι (ἐλάχιστον
γὰρ οὕτω καὶ ῥᾷστα μεταβαίνουσιν).

Ὁμοιώματα δ' αὐτῶν, καὶ οἷον παραδείγματα λάβοι τις ἂν καὶ ἐν ταῖς οἰκίαις. Ἡ μὲν γὰρ πατρὸς πρὸς
υἱεῖς κοινωνία βασιλείας ἔχει σχῆμα (τῶν τέκνων γὰρ
τῷ πατρὶ μέλει· ἐντεῦθεν δὲ καὶ Ὅμηρος τὸν Δία πατέρα προσαγορεύει· πατρικὴ γὰρ ἀρχὴ βούλεται ἡ βασιλεία εἶναι)· ἐν Πέρσαις δ' ἡ τοῦ πατρὸς τυραννική
(χρῶνται γὰρ ὡς δούλοις τοῖς υἱέσι)· τυραννικὴ δὲ καὶ
ἡ δεσπότου πρὸς δούλους (τὸ γὰρ τοῦ δεσπότου συμφέρον ἐν αὐτῇ πράττεται). Αὕτη μὲν οὖν ὀρθὴ φαίνεται,
ἡ Περσικὴ δ' ἡμαρτημένη· τῶν διαφερόντων γὰρ αἱ
ἀρχαὶ διάφοροι).

Ἀνδρὸς δὲ καὶ γυναικὸς ἀριστοκρατικὴ φαίνεται

La démocratie est ce qu'il y a de moins mauvais; car elle ne
dévie que peu de la forme de la *politie*. C'est ainsi surtout que
changent les gouvernements; car c'est ainsi qu'ils changent le
moins profondément et le plus facilement.

On en pourra trouver la ressemblance et comme des types
dans la famille. Les relations du père avec ses fils offrent
l'image de la royauté; car le père a la charge de ses enfants;
c'est pour cela qu'Homère donne à Jupiter le nom de père, et
la royauté tend à être un pouvoir paternel. Chez les Perses, le
pouvoir du père est tyrannique (car ils traitent leurs fils comme
des esclaves); le pouvoir du maître sur ses esclaves est bien
tyrannique aussi, puisqu'il n'a pour objet que l'intérêt du
maître; pourtant le pouvoir du maître est normal, et le pouvoir
paternel, chez les Perses, est vicieux, parce que l'autorité doit
différer comme les personnes qui y sont soumises.

Les relations du mari avec la femme ressemblent à la forme

Ἡ δὲ δημοκρατία ἐστὶν
ἥκιστα μοχθηρόν·
παρεκβαίνει γὰρ ἐπὶ μικρὸν
τὸ εἶδος τῆς πολιτείας.
Αἱ μὲν οὖν πολιτεῖαι
μεταβάλλουσιν μάλιστα οὕτως
(οὕτω γὰρ μεταβαίνουσιν
ἐλάχιστον
καὶ ῥᾷστα).
  Τίς δὲ λάβοι ἂν
ὁμοιώματα αὐτῶν
καὶ οἷον παραδείγματα
καὶ ἐν ταῖς οἰκίαις.
Ἡ μὲν γὰρ κοινωνία
πατρὸς πρὸς τοὺς υἱεῖς
ἔχει σχῆμα βασιλείας
(μέλει γὰρ
τῷ πατρὶ τῶν τέχνων·
ἐντεῦθεν δὲ καὶ Ὅμηρος
προσαγορεύει τὸν Δία
πατέρα·
ἡ γὰρ βασιλεία βούλεται
εἶναι ἀρχὴ πατρική)·
ἐν Πέρσαις δὲ
ἡ τοῦ πατρὸς τυραννική
(χρῶνται γὰρ τοῖς υἱέσι
ὡς δούλοις)·
τυραννικὴ δὲ καὶ
ἡ δεσπότου
πρὸς δούλους
(τὸ γὰρ συμφέρον
τοῦ δεσπότου
πράττεται ἐν αὐτῇ).
Αὕτη μὲν οὖν
φαίνεται ὀρθή,
ἡ δὲ Περσικὴ
ἡμαρτημένη·
αἱ γὰρ ἀρχαὶ
τῶν διαφερόντων
διάφοροι.
  Ἀνδρὸς δὲ
καὶ γυναικὸς
φαίνεται ἀριστοκρατική

Or la démocratie est
la chose la moins mauvaise ;
car elle dévie peu
de la forme de la politie. [ments
D'une part donc les gouverne-
changent surtout ainsi
(car de-cette-façon ils changent
le moins *profondément*
et le plus facilement).
  D'autre part on prendrait
des ressemblances d'eux
et comme des modèles
même dans les familles.
Car d'une part la communauté
d'un père avec ses fils
a l'apparence de la royauté
(car souci-est
au père de ses enfants ;
et de-là aussi Homère
appelle Jupiter
père ;
car la royauté veut
être un pouvoir paternel) ;
chez les Perses d'autre part
le *pouvoir* du père *est* tyrannique
(car ils usent de leurs fils
comme d'esclaves) ;
et tyrannique aussi
est le *pouvoir* du maître
envers les esclaves
(car l'intérêt
du maître
est recherché dans ce *pouvoir*).
Celui-ci d'une part donc
est-évidemment juste, [persique
d'autre part le *pouvoir paternel*
est vicieux ;
car les pouvoirs
des (sur les) *personnes* différentes
sont différents.   [l'homme
D'autre part *la communauté de*
et de la femme
est-évidemment aristocratique

κατ' ἀξίαν γὰρ ὁ ἀνὴρ ἄρχει, καὶ περὶ ταῦτα ἃ δεῖ
τὸν ἄνδρα· ὅσα δὲ γυναικὶ ἁρμόζει, ἐκείνη ἀποδίδω-
σιν)· ἁπάντων δὲ κυριεύων ὁ ἀνὴρ εἰς ὀλιγαρχίαν με-
θίστησιν (παρὰ τὴν ἀξίαν γὰρ αὐτὸ ποιεῖ, καὶ οὐχ ᾗ
ἀμείνων), ἐνίοτε δὲ ἄρχουσιν αἱ γυναῖκες ἐπίκληροι οὖ-
σαι, οὐ δὴ γίνονται κατ' ἀρετὴν αἱ ἀρχαί, ἀλλὰ διὰ
πλοῦτον καὶ δύναμιν, καθάπερ ἐν ταῖς ὀλιγαρχίαις·
τιμοκρατικῇ δὲ ἔοικεν ἡ τῶν ἀδελφῶν (ἴσοι γάρ, πλὴν
ἐφ' ὅσον ταῖς ἡλικίαις διαλλάττουσιν· διόπερ ἂν πολὺ
ταῖς ἡλικίαις διαφέρωσιν, οὐκέτι ἀδελφικὴ γίνεται ἡ
φιλία).

Δημοκρατία δὲ μάλιστα μὲν ἐν ταῖς ἀδεσπότοις
τῶν οἰκήσεων (ἐνταῦθα γὰρ πάντες ἐξ ἴσου), καὶ ἐν αἷς
ἀσθενὴς ὁ ἄρχων καὶ ἑκάστῳ ἐξουσία.

XI. Καθ' ἑκάστην δὲ τῶν πολιτειῶν φιλία φαίνε-

aristocratique; car le mari commande parce qu'il en est le
plus digne, et dans les choses où il convient que l'homme commande; et il attribue à la femme tout ce qui convient [à son
sexe]. Si l'homme est maître de tout, il change [le gouverne-
ment] en oligarchie; car il n'est plus à son rang, et il n'agit pas
en vertu de sa supériorité propre. Quelquefois les femmes
commandent, quand ce sont des héritières; alors l'autorité
n'appartient pas au mérite, mais à la richesse et à qui peut le
plus, comme dans les oligarchies. [Lorsqu'une famille] est
gouvernée par des frères, le gouvernement est timocratique;
car ils sont égaux, sauf la distance d'âge; aussi quand cette
distance est très grande, l'amitié n'est plus fraternelle.

La démocratie se rencontre surtout dans les familles qui n'ont
pas de chef (car alors tous les membres de la famille sont égaux),
et dans celles où, le chef étant sans force, chacun est libre.

XI. Dans chacune de ces formes de gouvernement, l'amitié se

(ὁ γὰρ ἀνὴρ ἄρχει | (car le mari commande
κατὰ ἀξίαν, | en-raison-de *son* mérite,
καὶ περὶ ταῦτα | et en ces choses
ἃ δεῖ | dans lesquelles il faut
τὸν ἄνδρα, | l'homme *commander*,
ἀποδίδωσι δὲ ἐκείνη | d'autre part il assigne à celle-là
ὅσα ἁρμόζει | toutes-celles-qui conviennent
γυναικί)· | à la femme);
ὁ δὲ ἀνὴρ | mais l'homme
κυριεύων ἁπάντων | étant (quand il est)-maître de tout
μεθίστησιν | change *l'association*
εἰς ὀλιγαρχίαν | en oligarchie
(ποιεῖ γὰρ αὐτὸ | (car il fait cela
παρὰ ἀξίαν, | contrairement à *son* mérite,
καὶ οὐχ ᾗ ἀμείνων), | et non en tant qu'*il est* meilleur)
ἐνίοτε δὲ | et quelquefois
αἱ γυναῖκες ἄρχουσιν | les femmes commandent
οὖσαι ἐπίκληροι· | étant (lorsqu'elles sont) héritières;
αἱ δὴ ἀρχαὶ γίνονται | ces autorités donc existent
οὐ κατὰ ἀρετήν, | non en-raison-du mérite,
ἀλλὰ διὰ πλοῦτον | mais à cause de la richesse
καὶ δύναμιν, | et de la puissance,
καθάπερ ἐν ταῖς ὀλιγαρχίαις· | comme dans les oligarchies;
ἡ δὲ τῶν ἀδελφῶν | et la *communauté* des frères
ἔοικε τιμοκρατικῇ | ressemble au *gouvernement* timo-
(ἴσοι γάρ, | (car ils *sont* égaux,   [cratique,
πλὴν ἐπὶ ὅσον | excepté en tant que
διαλλάττουσι ταῖς ἡλικίαις· | ils diffèrent par leurs âges;
διόπερ | c'est pourquoi
ἂν διαφέρωσι πολὺ | s'ils diffèrent beaucoup
ταῖς ἡλικίαις, | par les âges,
ἡ φιλία οὐκέτι γίνεται | l'amitié n'est plus
ἀδελφική. | fraternelle.
Δημοκρατία δὲ | D'autre part la démocratie
μάλιστα μὲν | *existe* surtout certes
ἐν ταῖς τῶν οἰκήσεων | dans celles des maisons
ἀδεσπότοις | qui-sont-sans-maître
(πάντες γὰρ ἐνταῦθα ἐξ ἴσου), | (car tous là *sont* de *rang* égal),
καὶ ἐν αἷς | et *dans les maisons* dans lesquelles
ὁ ἄρχων ἀσθένης | le chef *est* faible
καὶ ἐξουσία ἑκάστῳ. | et *où* liberté *est* à chacun.

XI. Κατὰ δὲ ἑκάστην | **XI.** Or dans chacun
τῶν πολιτειῶν | des gouvernements

ται, ἐφ᾽ ὅσον καὶ τὸ δίκαιον. Βασιλεῖ μὲν πρὸς τοὺς
βασιλευομένους, ἐν ὑπεροχῇ εὐεργεσίας· εὖ γὰρ ποιεῖ
τοὺς βασιλευομένους, εἴπερ ἀγαθὸς ὢν ἐπιμελεῖται αὐτῶν, ἵν᾽ εὖ πράττωσιν, ὥσπερ νομεὺς προβάτων· ὅθεν
καὶ Ὅμηρος τὸν Ἀγαμέμνονα ποιμένα λαῶν εἶπεν[1].
Τοιαύτη δὲ καὶ ἡ πατρική, διαφέρει δὲ τῷ μεγέθει τῶν
εὐεργετημάτων· αἴτιος γὰρ τοῦ εἶναι, δοκοῦντος μεγί-
στου, καὶ τροφῆς καὶ παιδείας. Καὶ τοῖς προγόνοις δὲ
ταῦτα[2] ἀπονέμεται· φύσει τε γὰρ ἀρχικὸν πατὴρ υἱῶν
καὶ πρόγονοι ἐκγόνων καὶ βασιλεὺς βασιλευομένων. Ἐν
ὑπεροχῇ δὲ αἱ φιλίαι αὗται, διὸ καὶ τιμῶνται οἱ γονεῖς. Καὶ τὸ δίκαιον δὴ ἐν τούτοις οὐ ταὐτό, ἀλλὰ τὸ
κατ᾽ ἀξίαν· οὕτω γὰρ καὶ ἡ φιλία.

montre en même proportion que la justice. Le roi a pour ses
sujets l'amitié du bienfaiteur [pour l'obligé]; car il leur fait du
bien, s'il est vertueux, et s'occupe de les rendre heureux, comme
un pasteur de son troupeau, et c'est pour cela qu'Homère appelle
Agamemnon pasteur des peuples. Telle est aussi l'amitié paternelle; mais elle l'emporte par la grandeur des bienfaits; car le
père est l'auteur de l'existence, qui semble le plus grand des
biens, et c'est lui qui pourvoit à la nourriture et à l'éducation.
On attribue la même supériorité aux ancêtres; car il y a autorité naturelle du père sur les fils, des ancêtres sur les descen-
dants, comme du roi sur les sujets. Dans ces sortes d'amitiés
il y a supériorité d'une part, aussi les parents sont-ils honorés.
Et par conséquent dans ces relations la justice ne repose pas
sur l'égalité quantitative, mais sur l'égalité proportionnelle,
comme l'amitié.

φιλία φαίνεται	l'amitié se montre
ἐπὶ ὅσον καὶ τὸ δίκαιον.	autant qu'aussi la justice. [part
Βασιλεῖ μὲν	*Elle se montre* pour le roi d'une
πρὸς τοὺς βασιλευομένους,	envers ses sujets,
ἐν ὑπεροχῇ	dans une supériorité
εὐεργεσίας·	de bienfaisance ;
ποῖει γὰρ εὖ	car il fait du bien
τοὺς βασιλευομένους,	à ses sujets,
εἴπερ ὦν ἀγαθὸς	si étant bon
ἐπιμελεῖται αὐτῶν,	il prend-soin d'eux, [*faires*,
ἵνα πράττωσιν εὖ,	afin qu'ils fassent bien *leurs af-*
ὥσπερ νομεὺς	comme le berger
προβάτων ·	*prend-soin* de *ses* brebis :
ὅθεν καὶ Ὅμηρος	d'où aussi Homère
εἶπεν Ἀγαμέμνονα	a appelé Agamemnon
ποιμένα λαῶν.	pasteur des peuples.
Τοιαύτη δὲ καὶ	Et telle aussi *se montre*
ἡ πατρική,	*l'amitié* paternelle ;
διαφέρει δὲ	mais elle diffère
τῷ μεγέθει	par la grandeur
τῶν εὐεργετημάτων·	des bienfaits ;
αἴτιος γὰρ	car *le père est* l'auteur
τοῦ εἶναι,	du exister,
δοκοῦντος μεγίστου,	*ce* qui paraît le plus grand *bien*,
καὶ τροφῆς	et de la nourriture
καὶ παιδείας.	et de l'éducation.
Καὶ ταῦτα ἀπονέμεται	Et ces choses sont attribuées
τοῖς προγόνοις δέ ·	aux ancêtres d'autre part ;
πατήρ τε γὰρ φύσει	car et le père *est* naturellement
ἀρχικὸν	*un être*-fait-pour-commander
υἱῶν	aux fils
καὶ πρόγονοι ἐκγόνων	et les ancêtres aux descendants
καὶ βασιλεὺς βασιλευομένων.	et le roi aux sujets.
Αὗται δὲ αἱ φιλίαι	Or ces amitiés
ἐν ὑπεροχῇ,	*reposent* sur la supériorité,
διὸ καὶ	c'est pourquoi aussi
οἱ γονεῖς τιμῶνται.	les parents sont honorés.
Καὶ τὸ δίκαιον δὴ	Et la justice donc
ἐν τούτοις	dans ceux-ci
οὐ τὸ αὐτό,	n'*est* pas la même chose(l'égalité),
ἀλλὰ τὸ	mais ce *qui est*
κατὰ ἀξίαν·	en proportion du mérite ;
οὕτω γὰρ καὶ •	car de-cette-façon aussi
ἡ φιλία.	*existe* l'amitié.

Καὶ ἀνδρὸς δὲ πρὸς γυναῖκα ἡ αὐτὴ φιλία καὶ ἐν ἀριστοκρατίᾳ· κατ᾽ ἀρετὴν γάρ, καὶ τῷ ἀμείνονι πλέον ἀγαθόν, καὶ τὸ ἁρμόζον ἑκάστῳ· οὕτω δὴ καὶ τὸ δίκαιον.

Ἡ δὲ τῶν ἀδελφῶν τῇ ἑταιρικῇ ἔοικεν· ἴσοι γὰρ καὶ ἡλικιῶται, οἱ τοιοῦτοι δὲ ὁμοπαθεῖς καὶ ὁμοήθεις ὡς ἐπὶ τὸ πολύ. Ἔοικεν δὴ ταύτῃ καὶ ἡ κατὰ τὴν τιμοκρατικήν. Ἴσοι γὰρ οἱ πολῖται βούλονται καὶ ἐπιεικεῖς εἶναι· ἐν μέρει δὴ τὸ ἄρχειν, καὶ ἐξ ἴσου· οὕτω δὴ καὶ ἡ φιλία.

Ἐν δὲ ταῖς παρεκβάσεσιν, ὥσπερ καὶ τὸ δίκαιον ἐπὶ μικρόν ἐστιν, οὕτω καὶ ἡ φιλία ἐστί, καὶ ἥκιστα ἐν τῇ χειρίστῃ· ἐν τυραννίδι γὰρ οὐδὲν ἢ μικρὸν φιλίας. Ἐν οἷς γὰρ μηδὲν κοινόν ἐστιν τῷ ἄρχοντι καὶ [τῷ] ἀρχομένῳ, οὐδὲ φιλία· οὐδὲ γὰρ δίκαιον· ἀλλ᾽ οἷον τεχνίτῃ πρὸς ὄργανον καὶ ψυχῇ πρὸς σῶμα καὶ δεσπότῃ πρὸς δοῦλον· ὠφελεῖται μὲν γὰρ πάντα ταῦτα

Entre le mari et la femme l'amitié est la même que dans l'aristocratie; elle est fondée sur la supériorité du mérite, c'est celui qui a le plus de valeur qui a le plus d'avantage, et chacun a ce qui convient [à sa nature]; et ainsi [chacun a] ce qui est juste.

L'amitié des frères ressemble à celle qui est entre compagnons; ils sont égaux, ils sont du même âge, et dans ces conditions, on a le plus souvent mêmes *passions* et mêmes mœurs. Cette amitié ressemble à celle qui est dans la timocratie; car [dans cette forme de gouvernement] il y a tendance à ce que .es citoyens soient sur le pied d'égalité et (traités tous comme) des honnêtes gens; ils exercent le pouvoir tour à tour, et tous également. Par conséquent l'amitié y existe aussi dans ces conditions.

Dans les déviations que subissent les formes de gouvernement, la justice ne se trouve que dans une faible mesure, et aussi l'amitié. Et c'est dans la plus mauvaise forme qu'il y en a le moins; car il n'y a aucune amitié dans la tyrannie, ou il n'y en a que peu. Là où il n'y a rien de commun entre celui qui commande et celui qui obéit, il n'y a pas non plus d'amitié, puisqu'il n'y a pas non plus de justice; c'est le rapport de l'ouvrier à l'outil, de l'âme au corps, du maître à l'esclave; ceux qui se servent de tous ces instruments leur font

Καὶ δὲ ἡ αὐτὴ φιλία
καὶ ἐν ἀριστοκρατίᾳ
ἀνδρὸς πρὸς γυναῖκα·
κατὰ ἀρετὴν γάρ,
καὶ πλέον ἀγαθὸν
τῷ ἀμείνονι,
καὶ τὸ ἁρμόζον ἑκάστῳ·
οὕτω δὴ καὶ
τὸ δίκαιον.
Ἡ δὲ τῶν ἀδελφῶν
ἔοικεν
τῇ ἑταιρικῇ·
ἴσοι γὰρ καὶ ἡλικιῶται,
οἱ δὲ τοιοῦτοι
ὁμοπαθεῖς
καὶ ὁμοηθεῖς
ὡς ἐπὶ τὸ πολύ.
Ταύτῃ δὴ ἔοικεν καὶ
ἡ κατὰ τὴν τιμοκρατικήν.
Πολῖται γὰρ βούλονται
εἶναι ἴσοι
καὶ ἐπιεικεῖς·
τὸ δὴ ἄρχειν
ἐν μέρει,
καὶ ἐξ ἴσου·
οὕτω δὴ καὶ ἡ φιλία.
Ἐν δὲ ταῖς παρεκβάσεσιν,
ὥσπερ καὶ τὸ δίκαιόν
ἐστιν ἐπὶ μικρόν,
οὕτω καὶ ἡ φιλία ἐστί,
καὶ ἥκιστα ἐν τῇ χειρίστῃ·
οὐδὲν γὰρ
ἢ μικρὸν φιλίας
ἐν τυραννίδι.
Ἐν οἷς γὰρ
μηδέν ἐστιν κοινὸν
τῷ ἄρχοντι καὶ τῷ ἀρχομένῳ,
οὐδὲ φιλία·
οὐδὲ γὰρ δίκαιον·
ἀλλὰ οἷον
τεχνίτῃ πρὸς ὄργανον
καὶ ψυχῇ πρὸς σῶμα
καὶ δεσπότῃ πρὸς δοῦλον·
πάντα γὰρ μὲν ταῦτα

Et d'autre part la même amitié
que dans l'aristocratie
est celle de l'homme pour la femme:
car *elle est* en proportion du mérite,
et un plus grand avantage
est au meilleur,
et ce qui *lui* convient *est* à chacun ;
de-cette-façon donc aussi
le juste *est à chacun*.
D'autre part l'*amitié* des frères
ressemble
à celle de-camarades;
car *ils sont* égaux et du-même-âge,
or les *gens* tels
sont de-mêmes-passions
et de-mêmes-mœurs
comme *cela a lieu* généralement.
A celle-ci donc ressemble aussi
celle selon la timocratie.
Car les citoyens veulent
être égaux
et *être considérés comme* honnêtes :
donc le commander
est exercé tour à tour :
et d'*une manière* égale; [*y existe.*
de-cette-façon donc aussi l'amitié
Mais dans les déviations
de-même-qu'aussi la justice
est en petite *mesure*,
de même aussi l'amitié *y* est,
et le moins dans la plus mauvaise :
car point
ou peu d'amitié
dans la tyrannie.
Car *dans les cas* dans lesquels
rien n'est commun
au gouvernant et au gouverné,
il n'y a pas non-plus d'amitié;
car non-plus de justice;
mais la chose *est telle* qu'*elle est*
à l'ouvrier pour l'outil
et à l'âme pour le corps
et au maître pour l'esclave;
car d'une part tous ces *objets*

ὑπὸ τῶν χρωμένων, φιλία δ' οὐκ ἔστιν πρὸς τὰ ἄψυχα
οὐδὲ δίκαιον. Ἀλλ' οὐδὲ πρὸς ἵππον ἢ βοῦν, οὐδὲ
πρὸς δοῦλον ἢ δοῦλος. Οὐδὲν γὰρ κοινόν ἐστιν· ὁ γὰρ
δοῦλος ἔμψυχον ὄργανον, τὸ δ' ὄργανον ἄψυχος δοῦλος. Ἧι μὲν οὖν δοῦλος, οὐκ ἔστιν φιλία πρὸς αὐτόν,
ἧ δ' ἄνθρωπος· δοκεῖ γὰρ εἶναί τι δίκαιον παντὶ ἀνθρώπῳ πρὸς πάντα τὸν δυνάμενον κοινωνῆσαι νόμου
καὶ συνθήκης, καὶ φιλία δή, καθ' ὅσον ἄνθρωπος. Ἐπὶ
μικρὸν δὴ καὶ ἐν ταῖς τυραννίσιν αἱ φιλίαι καὶ τὸ δίκαιον, ἐν δὲ ταῖς δημοκρατίαις ἐπὶ πλεῖστον· πολλὰ
γὰρ τὰ κοινὰ ἴσοις οὖσιν.

XII. Ἐν κοινωνίᾳ μὲν οὖν πᾶσα φιλία ἐστίν[1], καθάπερ εἴρηται· ἀφορίσειε δ' ἄν τις τήν τε συγγενικὴν
καὶ τὴν ἑταιρικήν. Αἱ δὲ πολιτικαὶ[2] καὶ φυλετικαὶ καὶ

du bien ; mais il n'y a pas d'amitié à l'égard des choses inanimées, non plus que de justice, et il n'y en a pas non plus à l'égard
d'un cheval, d'un bœuf, ni d'un esclave en tant qu'esclave, car
il n'y a rien de commun : l'esclave est un outil animé, comme
l'outil est un esclave inanimé. Il n'y a donc pas d'amitié envers
l'esclave, en tant qu'esclave, mais seulement en tant qu'homme ;
car il semble que pour tout homme il y a une justice [à observer]
envers quiconque est capable de se soumettre à une loi commune
et de conclure une convention, et il y a par conséquent amitié
[pour lui] en tant qu'homme. C'est donc dans la tyrannie que
l'amitié et la justice se trouvent au plus faible degré, et dans la
démocratie, au plus haut ; car il y a beaucoup de choses communes entre égaux.

XII. Dans toute communauté, il y a de l'amitié, comme nous
avons dit. Mais il faudrait mettre à part celle qui est entre compagnons de plaisir. Les associations qui unissent des concitoyens,

ὠφελεῖται	sont secourus (soignés)
ὑπὸ τῶν χρωμένων,	par ceux qui s'*en* servent,
φιλία δὲ οὐκ ἔστιν	d'autre part amitié n'est pas
πρὸς τὰ ἄψυχα	à l'égard des choses inanimées
οὐδὲ δίκαιον.	non-plus-que justice. [*val*
Ἀλλὰ οὐδὲ πρὸς ἵππον	Mais non-plus à l'égard d'un che-
ἢ βοῦν,	ou d'un bœuf,
οὐδὲ πρὸς δοῦλον	ni à l'égard d'un esclave
ᾗ δοῦλος.	en tant qu'*il est* esclave.
Οὐδὲν γάρ ἐστι κοινόν·	Car rien n'est commun *avec eux* :
ὁ γὰρ δοῦλος	car l'esclave *est*
ὄργανον ἔμψυχον,	un instrument animé,
τὸ δὲ ὄργανον	et l'instrument *est*
δοῦλος ἄψυχος.	un esclave inanimé.
Ἧι μὲν οὖν δοῦλος,	En tant donc *qu'il est* esclave,
οὐκ ἔστιν φιλία	il n'y a pas d'amitié
πρὸς αὐτόν,	à l'égard de lui,
ᾗ δὲ ἄνθρωπος·	mais en tant qu'*il est* homme;
τὶ γὰρ δίκαιον	car quelque justice
δοκεῖ εἶναι	semble être *à observer*
παντὶ ἀνθρώπῳ	par tout homme
πρὸς πάντα τὸν δυνάμενον	envers tout *être* pouvant
κοινωνῆσαι νόμου	participer à une loi
καὶ συνθήκης,	et à une convention,
καὶ δὴ φιλία,	et donc *il y a* amitié *pour lui*,
κατὰ ὅσον ἄνθρωπος.	en tant qu'*il est* homme.
Αἱ δὴ φιλίαι	Donc les amitiés
καὶ τὸ δίκαιον	et la justice
ἐπὶ μικρὸν	*sont* en faible *mesure*
καὶ ἐν ταῖς τυραννίσιν,	aussi dans les tyrannies,
ἐπὶ πλεῖστον δὲ	mais dans la plus grande *mesure*
ἐν ταῖς δημοκρατίαις·	dans les démocraties;
τὰ γὰρ κοινὰ	car les choses communes
πολλὰ	*sont* nombreuses
οὖσιν ἴσοις.	pour *ceux* étant égaux.
XII. Πᾶσα φιλία	XII. Toute amitié
ἐστὶ μὲν οὖν	est d'une part donc
ἐν κοινωνίᾳ,	en communauté,
καθάπερ εἴρηται,	comme il a été dit,
τὶς δὲ ἀφορίσειεν ἂν	d'autre part on séparerait
τήν τε συγγενικὴν	et celle de-famille
τήν τε ἑταιρικήν.	et celle de-camaraderie.
Αἱ δὲ πολιτικαὶ	D'autre part celles des-citoyens

συμπλοϊκαί, καὶ ὅσαι τοιαῦται, κοινωνικαῖς ἐοίκασι μᾶλλον· οἷον γὰρ καθ' ὁμολογίαν τινὰ φαίνονται εἶναι. Εἰς ταύτας δὲ τάξειεν ἄν τις καὶ τὴν ξενικήν.

Καὶ ἡ συγγενικὴ δὲ φαίνεται πολυειδὴς εἶναι, ἠρτῆσθαι δὲ πᾶσα ἐκ τῆς πατρικῆς· οἱ γονεῖς μὲν γὰρ στέργουσιν τὰ τέκνα ὡς ἑαυτῶν τι ὄντα, τὰ δὲ τέκνα τοὺς γονεῖς, ὡς ἀπ' ἐκείνων τι ὄντα. Μᾶλλον δ' ἴσασιν οἱ γονεῖς τὰ ἐξ αὐτῶν ἢ τὰ γεννηθέντα ὅτι ἐκ τούτων, καὶ μᾶλλον συνῳκείωται τὸ ἀφ' οὗ τῷ γεννηθέντι ἢ τὸ γενόμενον τῷ ποιήσαντι· τὸ γὰρ ἐξ αὐτοῦ οἰκεῖον τῷ ἀφ' οὗ, οἷον ὀδούς, θρίξ, ὁτιοῦν, τῷ ἔχοντι· ἐκείνῳ δὲ οὐδὲν τὸ ἀφ' οὗ, ἢ ἧττον.

Καὶ τῷ πλήθει δὲ τοῦ χρόνου[1]· οἱ μὲν γὰρ εὐθὺς γενόμενα στέργουσιν, τὰ δὲ προελθόντα τοῖς χρόνοις

des membres d'une même tribu, des hommes qui naviguent ensemble, et les autres du même genre, ressemblent davantage à des sociétés [commerciales]; car elles paraissent reposer comme sur une sorte de convention. On peut ranger dans la même classe les liaisons d'hospitalité.

Quant à l'amitié qui est entre parents, elle paraît avoir beaucoup de formes, mais elle semble dépendre toujours du lien qui est entre les parents et les enfants. Les parents aiment leurs enfants comme quelque chose d'eux-mêmes, et les enfants, leurs parents comme leurs auteurs. Les parents connaissent mieux ce qui vient d'eux, que les enfants ne savent qu'ils viennent de leurs parents, et l'être qui a donné la vie est plus profondément attaché à celui qui l'en a reçue, que ce dernier à l'auteur de son existence. Ce qui vient d'un être est propre à l'être dont il vient, comme une dent, un cheveu, n'importe quoi, à l'être qui l'a, au lieu que l'être d'où viennent les choses ne leur est rien, ou leur est moins propre.

Il y a encore une différence pour la longueur du temps [entre l'affection des parents et celle des enfants]. Les parents s'attachent à leurs enfants aussitôt qu'ils sont nés; mais ce n'est qu'en

καὶ φυλετικαὶ   et de-membres-d'une-même-tribu

καὶ συμπλοϊκαί,   et de gens-naviguant-ensemble,

καὶ ὅσαι τοιαῦται,   et toutes-celles-qui *sont* telles,

ἐοίκασι μᾶλλον   ressemblent davantage

κοινωνικαῖς·   à des *sociétés* d'-association ;

φαίνονται γὰρ εἶναι   car elles semblent être   [tion.

οἶον κατὰ τινα ὁμολογίαν.   comme en-vertu-d'une conven-

Τὶς δὲ τάξειεν ἂν εἰς ταύτας   Et on rangerait dans celles-ci

καὶ τὴν ξενικήν.   même l'*amitié* d'-hospitalité.

    Καὶ ἡ συγγενικὴ δὲ   Et celle de-famille d'ailleurs,

φαίνεται εἶναι πολυειδής,   paraît être de-plusieurs-formes,

ἠρτῆσθαι δὲ πᾶσα   mais dépendre tout-entière

ἐκ τῆς πατρικῆς·   de la paternelle ;

οἱ γονεῖς μὲν γὰρ   car les parents d'une part

στέργουσιν τὰ τέκνα   chérissent leurs enfants

ὡς ὄντα τι   comme étant quelque-chose

ἑαυτῶν,   d'eux-mêmes,

τὰ δὲ τέκνα   d'autre part les enfants

τοὺς γονεῖς,   *chérissent* leurs parents

ὡς ὄντα   comme étant *eux-mêmes*

τι ἀπὸ ἐκείνων.   quelque-chose de ceux-là,

Οἱ δὲ γονεῖς ἴσασιν μᾶλλον   Or les parents connaissent mieux

τὰ ἐξ αὐτῶν   les *êtres venant* d'eux-mêmes

ἢ τὰ γεννηθέντα   que les *êtres* engendrés *ne savent*

ὅτι ἐκ τούτων,   qu'*ils viennent* de ceux-là,

καὶ τὸ ἀπὸ οὗ   et l'*être* duquel *un autre est né*

συνῳκείωται μᾶλλον   est attaché davantage

τῷ γεννηθέντι   à l'*être* engendré

ἢ τὸ γενόμενον   que l'*être* né *de lui n'est attaché*

τῷ ποιήσαντι·   à *celui* qui *l'*a fait ;

τὸ γὰρ ἐξ αὐτοῦ οἰκεῖον   car l'*être venu* de lui *est* propre

τῷ ἀπὸ οὗ,   à celui duquel *il est venu,*

οἶον ὀδούς, θρίξ,   comme une dent, un cheveu,

ὁτιοῦν,   *ou quoi-que-ce-soit,*

τῷ ἔχοντι·   à *celui* qui *l'*a ;

τὸ δὲ   mais l'*être*

ἀπὸ οὗ   duquel *vient un autre être*

οὐδὲν ἐκείνῳ,   n'*est propre* en rien à celui-là,

ἢ ἧττον.   ou *l'*est moins.

    Καὶ τῷ πλήθει τοῦ χρόνου·   Et par la longueur du temps ;

οἱ μὲν γὰρ στέργουσιν   car les uns d'une part chérissent

εὐθὺς γενόμενα,   *leurs enfants* aussitôt nés,

τὰ δὲ   d'autres part ceux-ci

τοὺς γονεῖς   *chérissent* leurs parents

τοὺς γονεῖς, σύνεσιν ἢ αἴσθησιν λαβόντα. Ἐκ τούτων δὲ δῆλον καὶ δι' ἃ φιλοῦσιν μᾶλλον αἱ μητέρες.

Γονεῖς μὲν οὖν τέκνα φιλοῦσιν ὡς ἑαυτούς (τὰ γὰρ ἐξ αὐτῶν οἷον ἕτεροι αὐτοὶ τῷ κεχωρίσθαι), τέκνα δὲ γονεῖς ὡς ἀπ' ἐκείνων πεφυκότα, ἀδελφοὶ δ' ἀλλήλους τῷ ἐκ τῶν αὐτῶν πεφυκέναι· ἡ γὰρ πρὸς ἐκεῖνα[1] ταυτότης ἀλλήλοις ταὐτοποιεῖ· ὅθεν φασὶν ταὐτὸν αἷμα καὶ ῥίζαν καὶ τὰ τοιαῦτα. Εἰσὶν δὴ ταὐτό πως καὶ ἐν διῃρημένοις. Μέγα δὲ πρὸς φιλίαν καὶ τὸ σύντροφον καὶ τὸ καθ' ἡλικίαν· ἧλιξ γὰρ ἧλικα[2], καὶ οἱ συνήθεις ἑταῖροι· διὸ καὶ ἡ ἀδελφικὴ τῇ ἑταιρικῇ ὁμοιοῦται. Ἀνεψιοὶ δὲ καὶ οἱ λοιποὶ συγγενεῖς ἐκ τούτων συνῳκείωνται· τῷ γὰρ ἀπὸ τῶν αὐτῶν εἶναι.

avançant dans la vie que les enfants s'attachent aux parents, quand l'intelligence ou le sentiment se développent. On voit par là pourquoi les mères aiment davantage.

Les parents aiment donc leurs enfants comme eux-mêmes; car les êtres qui viennent d'eux, sont comme d'autres *eux-mêmes*, parce qu'ils sont détachés d'eux. Les enfants aiment les parents comme les auteurs de leur existence. Les frères s'aiment les uns les autres, parce qu'ils sont nés des mêmes parents; cette identité d'origine produit une identité de sentiments chez les uns envers les autres. C'est pour cela qu'on dit, ils sont du même sang, ils appartiennent à une même souche, et autres expressions du même genre. Ils sont en quelque sorte un même être en des existences séparées. Ce qui contribue encore beaucoup à leur amitié, c'est d'avoir été nourris ensemble et d'être rapprochés par l'âge; le contemporain a du charme pour son contemporain, et ceux qui ont les mêmes habitudes sont compagnons; aussi l'amitié fraternelle ressemble-t-elle à celle qui est entre compagnons. Les cousins et les autres parents sont unis par la même cause; ils viennent des mêmes auteurs.

προελθόντα	étant *eux-mêmes* avancés
τοῖς χρόνοις,	par le temps (en âge),
λαβόντα σύνεσιν	ayant pris intelligence
ἢ αἴσθησιν.	ou sentiment.
Ἐκ τούτων δὲ δῆλον	Or de cela *il est* évident
διὰ ἃ αἱ μητέρες	à cause de quoi les mères
φιλοῦσιν μᾶλλον.	aiment davantage.
Γονεῖς μὲν οὖν	Les parents d'une part donc
φιλοῦσιν τέκνα	aiment *leurs* enfants
ὡς ἑαυτούς	comme eux-mêmes
(τὰ γὰρ ἐξ αὐτῶν	(car les *êtres venus* d'eux
οἷον ἕτεροι αὐτοὶ	*sont* comme d'autres eux-mêmes
τῷ κεχωρίσθαι),	par le *en* avoir été détachés),
τέκνα δὲ	d'autre part les enfants
γονεῖς	*aiment leurs* parents [ceux-là,
ὡς πεφυκότα ἀπὸ ἐκείνων,	comme étant *eux-mêmes* nés de
ἀδελφοὶ δὲ	et les frères
ἀλλήλους	*s'aiment* les-uns-les-autres
τῷ πεφυκέναι ἐκ τῶν αὐτῶν·	par le être nés des mêmes *parents;*
ἡ γὰρ ταὐτότης	car l'identité
πρὸς ἐκεῖνα	envers ces *êtres dont ils sont nés*
ταὐτοποιεῖ	produit-l'identité
ἀλλήλοις·	chez les uns-pour-les-autres ;
ὅθεν φασὶν	d'où l'on dit
τὸ αὐτὸν αἷμα καὶ ῥίζαν	le même sang et *la même* souche
καὶ τὰ τοιαῦτα.	et les *expressions* telles.
Εἰσὶν δὴ τὸ αὐτό	Ils sont donc la même chose
πως	en-quelque-sorte,
καὶ ἐν διῃρημένοις.	même dans des *corps* séparés.
Καὶ δὲ	Et d'autre part
τὸ σύντροφον	la nourriture-commune
καὶ τὸ κατὰ ἡλικίαν	et ce *qui est* concernant l'âge
μέγα πρὸς φιλίαν·	*est* une grande chose pour l'amitié;
ἧλιξ γὰρ	car le-contemporain
ἥλικα,	*charme* le contemporain, [tudes
καὶ οἱ συνήθεις	et ceux qui ont-les-mêmes-habi-
ἑταῖροι·	*sont* compagnons ; [fraternelle
διὸ καὶ ἡ ἀδελφικὴ	c'est pourquoi aussi *l'amitié*
ὁμοιοῦται τῇ ἑταιρικῇ.	ressemble à celle de-camaraderie.
Ἀνεψιοὶ δὲ	D'autre part les cousins
καὶ οἱ λοιποὶ συγγενεῖς	et les autres parents
συνῳκείωνται ἐκ τούτων·	se rattachent par cela ;`
τῷ γὰρ εἶναι	en effet *ils se rattachent* par le être
ἀπὸ τῶν αὐτῶν.	des mêmes *auteurs.*

Γίνονται δ' οἱ μὲν οἰκειότεροι, οἱ δ' ἀλλοτριώτεροι
τῷ σύνεγγυς ἢ πόρρω τὸν ἀρχηγὸν εἶναι.

Ἔστιν δ' ἡ μὲν πρὸς γονεῖς φιλία τέκνοις (καὶ ἀνθρώποις πρὸς θεούς), ὡς πρὸς ἀγαθὸν καὶ ὑπερέχον · εὖ γὰρ
πεποιήκασι τὰ μέγιστα · τοῦ γὰρ εἶναι καὶ τραφῆναι
αἴτιοι, καὶ γενομένοις τοῦ παιδευθῆναι. Ἔχει δὲ καὶ
τὸ ἡδὺ καὶ τὸ χρήσιμον ἡ τοιαύτη φιλία μᾶλλον τῶν
ὀθνείων¹, ὅσῳ καὶ κοινότερος ὁ βίος αὐτοῖς ἐστιν. Ἔστιν
δὲ καὶ ἐν τῇ ἀδελφικῇ ἅπερ καὶ ἐν τῇ ἑταιρικῇ, καὶ
μᾶλλον ἐν τοῖς ἐπιεικέσιν, καὶ ὅλως ἐν τοῖς ὁμοίοις,
ὅσῳ οἰκειότεροι καὶ ἐκ γενετῆς ὑπάρχουσι στέργοντες
ἀλλήλους, καὶ ὅσῳ ὁμοηθέστεροι οἱ ἐκ τῶν αὐτῶν, καὶ
σύντροφοι, καὶ παιδευθέντες ὁμοίως · καὶ ἡ κατὰ τὸν
χρόνον δοκιμασία πλείστη καὶ βεβαιοτάτη. Ἀνάλογον
δὲ καὶ ἐν τοῖς λοιποῖς τῶν συγγενῶν τὰ φιλικά.

Ils sont plus ou moins étroitement liés suivant qu'ils sont plus
près ou plus loin de l'origine commune.

Les enfants aiment les parents, et les hommes, les dieux,
comme un bien et comme quelque chose de supérieur; car ils
leur doivent les plus grands de tous les biens, puisque les
parents sont les auteurs de leur existence et leur ont donné,
après qu'ils sont venus au monde, la nourriture et l'éducation.
L'agréable et l'utile se trouvent dans une telle amitié plus que
dans celle qui est entre personnes qui ne sont pas du même
sang, d'autant plus que la communauté d'existence est plus
étroite. Les liens sont entre frères les mêmes qu'entre compagnons, et encore plus étroits, s'ils sont honnêtes gens, et en
général s'ils se ressemblent, d'autant plus qu'ils se tiennent de
plus près, qu'ils se chérissent dès la naissance, et qu'ils ont des
mœurs plus semblables étant nés des mêmes parents, ayant été
nourris ensemble, et élevés de même. En outre, l'épreuve du
temps y est plus forte et plus sûre [que dans toute autre espèce
d'amitié]. Dans les autres degrés de parenté la même espèce
d'amitié se rencontre proportionnellement.

Γίνονται δὲ οἱ μὲν οἰκειότεροι
οἱ δὲ ἀλλοτριώτεροι
τῷ τὸν ἀρχηγὸν εἶναι
σύνεγγυς ἢ πόρρω.
    Ἡ δὲ μὲν φιλία
πρὸς γονεῖς
ἐστιν τέκνοις
(καὶ ἀνθρώποις πρὸς θεούς),
ὡς πρὸς ἀγαθὸν
καὶ ὑπερέχον·
πεποιήκασι γὰρ εὖ
τὰ μέγιστα·
αἴτιοι γὰρ
τοῦ εἶναι καὶ τραφῆναι,
καὶ
γενομένοις
τοῦ παιδευθῆναι.
Ἡ δὲ φιλία τοιαύτη ἔχει
καὶ τὸ ἡδὺ καὶ τὸ χρήσιμον
μᾶλλον τῶν ὀθνείων,
ὅσῳ καὶ ὁ βίος
ἐστὶν κοινότερος αὐτοῖς.
Ἔστιν δὲ
καὶ ἐν τῇ ἀδελφικῇ
ἅπερ καὶ
ἐν τῇ ἑταιρικῇ,
καὶ μᾶλλον ἐν τοῖς ἐπιεικέσιν,
καὶ ὅλως
ἐν ὁμοίοις,
ὅσῳ οἰκειότεροι
καὶ ὑπάρχουσιν
στέργοντες ἀλλήλους
ἐκ γενετῆς,
καὶ ὅσῳ οἱ ἐκ τῶν αὐτῶν
ὁμοηθέστεροι,
καὶ σύντροφοι,
καὶ παιδευθέντες ὁμοίως·
καὶ ἡ δοκιμασία
κατὰ τὸν χρόνον
πλείστη καὶ βεβαιοτάτη.
Τὰ δὲ φιλικὰ
ἀνάλογον
καὶ ἐν τοῖς λοιποῖς
τῶν συγγενῶν.

Or ils sont les uns plus proches,
les autres plus étrangers
par ceci le premier-auteur être
près ou loin.
    Or d'une part l'amitié
pour les parents
est aux enfants
(et aux hommes pour les dieux),
comme pour un *être* bon
et supérieur;
car ceux-ci *leur* ont fait bien
les plus grandes-choses;
car *ils sont* causes
du *eux* être et avoir été nourris,
et *ils sont causes*
pour eux étant nés
du avoir été élevés.
D'autre part l'amitié telle a
et l'agréable et l'utile
plus que *celle* des étrangers,
d'autant qu'aussi la vie
est plus commune à eux.
Or il y a
aussi dans l'*amitié* fraternelle.
ce qu'*il y a* aussi
dans celle-de camarades,
et plus dans les *gens* honnêtes,
et généralement
dans ceux semblables,
d'autant qu'ils *sont* plus proches
et qu'ils commencent
se chérissant les-uns-les-autres
dès la naissance,   [*parents*
et d'autant que ceux des mêmes
sont plus-semblables-de-mœurs,
et nourris-ensemble,
et élevés semblablement;
et l'épreuve
qui se fait en vertu du temps
est très-grande et très-sûre.[tueux
D'autre part les *sentiments* affec-
existent proportionnellement
aussi chez les autres
d'entre les parents.

Ἀνδρὶ δὲ καὶ γυναικὶ φιλία δοκεῖ κατὰ φύσιν ὑπάρ-
χειν· ἄνθρωπος γὰρ τῇ φύσει συνδυαστικὸν μᾶλλον ἢ
πολιτικόν, ὅσῳ πρότερον καὶ ἀναγκαιότερον οἰκία πόλεως, καὶ τεκνοποιία κοινότερον τοῖς ζῴοις. Τοῖς μὲν
οὖν ἄλλοις ἐπὶ τοσοῦτον[1] ἡ κοινωνία ἐστίν, οἱ δ' ἄνθρωποι οὐ μόνον τῆς τεκνοποιίας χάριν συνοικοῦσιν,
ἀλλὰ καὶ τῶν εἰς τὸν βίον· εὐθὺς γὰρ διῄρηται τὰ ἔργα,
καὶ ἔστιν ἕτερα ἀνδρὸς καὶ γυναικός· ἐπαρκοῦσιν
οὖν ἀλλήλοις, εἰς τὸ κοινὸν τιθέντες τὰ ἴδια. Διὰ
ταῦτα δὲ καὶ τὸ χρήσιμον εἶναι δοκεῖ καὶ τὸ ἡδὺ
ἐν ταύτῃ τῇ φιλίᾳ. Εἴη δ' ἂν καὶ δι' ἀρετήν,
εἰ ἐπιεικεῖς εἶεν· ἔστιν γὰρ ἑκατέρου ἀρετή, καὶ
χαίροιεν ἂν τῷ τοιούτῳ[2]. Σύνδεσμος δὲ τὰ τέκνα
δοκεῖ εἶναι· διὸ θᾶττον οἱ ἄτεκνοι διαλύονται·

Entre l'homme et la femme l'amitié paraît exister naturellement; car l'homme est par sa nature plutôt porté à vivre en
couple qu'en société civile, d'autant plus que la famille est
antérieure à l'État, plus nécessaire, et que la propagation est
plus commune aux êtres animés. Et l'union se borne à cela
dans les autres espèces, au lieu que les êtres humains ne s'unissent pas seulement pour avoir des enfants, mais encore en vue
de ce qui est nécessaire à la vie. Car dès le principe la tâche
est divisée, et elle n'est pas la même pour l'homme et pour la
femme; ils se viennent donc en aide et mettent en commun
ce que chacun a en propre. Aussi l'utile et l'agréable semblent se trouver réunis dans cette amitié. Elle sera aussi fondée sur la vertu, si [les conjoints] sont honnêtes; car chacun
d'eux peut avoir sa vertu, et aura du goût pour celui qui l'a.
Il semble que les enfants soient un lien, et c'est pourquoi
les époux sans enfants se désunissent plus promptement;

Φιλία δὲ δοκεῖ
ὑπάρχειν ἀνδρὶ καὶ γυναικὶ
κατὰ φύσιν·
ἄνθρωπος γὰρ τῇ φύσει
συνδυαστικὸν
μᾶλλον ἢ
πολιτικόν,
ὅσῳ οἰκία
πρότερον
καὶ ἀναγκαιότερον
πόλεως,
καὶ τεκνοποιία
κοινότερον
τοῖς ζῴοις.
Τοῖς μὲν οὖν ἄλλοις
ἡ κοινωνία ἐστὶν
ἐπὶ τοσοῦτον,
οἱ δὲ ἄνθρωποι
οὐ συνοικοῦσι μόνον
χάριν τεκνοποίας,
ἀλλὰ καὶ
τῶν εἰς βίον·
τὰ γὰρ ἔργα
διῄρηται εὐθύς,
καὶ ἕτερά ἐστιν ἀνδρὸς
καὶ γυναικός·
ἐπαρκοῦσιν οὖν ἀλλήλοις
τιθέντες εἰς τὸ κοινὸν
τὰ ἴδια.
Διὰ ταῦτα δὴ
καὶ τὸ χρήσιμον καὶ τὸ ἡδὺ
δοκεῖ εἶναι
ἐν ταύτῃ τῇ φιλίᾳ.
Εἴη δὲ ἂν
καὶ διὰ ἀρετήν,
εἰ εἶεν ἐπιεικεῖς·
ἀρετὴ γάρ ἐστιν
ἑκατέρου,
καὶ χαίροιεν ἂν
τῷ τοιούτῳ.
Τὰ δὲ τέκνα
δοκεῖ εἶναι σύνδεσμος·
διὸ οἱ ἄτεκνοι
διαλύονται θᾶττον·

D'autre part l'amitié paraît
exister pour l'homme et la femme
en-vertu-de la nature ;
car l'homme *est* par sa nature
un *être* fait-pour-l'union-conju-
plutôt que   [gale
fait-pour-l'union-civile,
d'autant que la famille *est*
chose plus ancienne
et plus nécessaire
que l'État,
et *que* la procréation-des-enfants
est chose plus commune
aux animaux.   [d'une part
Donc pour les autres animaux
la communauté est (va)
jusqu'à autant (pas plus loin),
mais les hommes
ne cohabitent pas seulement
pour la procréation-d'enfants,
mais encore
pour les choses *relatives* à la vie ;
car les occupations
ont été divisées aussitôt,
et autres sont *celles* de l'homme
et *celles* de la femme ;
ils s'aident donc l'un-l'autre
mettant en commun
leurs *avantages* propres.
A cause de cela donc
et l'agréable et l'utile
paraît (paraissent) être
dans cette amitié-là.
D'ailleurs elle pourrait exister
aussi à cause de la vertu,
s'ils (les époux) étaient honnêtes ;
car la vertu est
le *propre* de chacun-des-deux,
et ils seraient charmés
de la *personne* telle.
D'autre part les enfants
paraissent être un lien ;   [fants
c'est pourquoi les *époux* sans-en-
se séparent plus promptement ;

τὰ γὰρ τέκνα κοινὸν ἀγαθὸν ἀμφοῖν, συνέχει δὲ τὸ κοινόν.
Τὸ δὲ πῶς συμβιωτέον ἀνδρὶ πρὸς γυναῖκα, καὶ ὅλως φίλῳ
πρὸς φίλον, οὐδὲν ἕτερον φαίνεται ζητεῖσθαι, ἢ πῶς δί-
καιον· οὐ γὰρ ταὐτὸν φαίνεται τῷ φίλῳ πρὸς τὸν φίλον
καὶ τὸν ὀθνεῖον καὶ τὸν ἑταῖρον καὶ τὸν συμφοιτητήν [1].

XIII. Τριττῶν δ᾽ οὐσῶν φιλιῶν, καθάπερ ἐν ἀρχῇ
εἴρηται, καὶ καθ᾽ ἑκάστην τῶν μὲν ἐν ἰσότητι φίλων
ὄντων, τῶν δὲ καθ᾽ ὑπεροχήν (καὶ γὰρ ὁμοίως ἀγαθοὶ
φίλοι γίνονται καὶ ἀμείνων χείρονι, ὁμοίως δὲ καὶ ἡδεῖς [2],
καὶ διὰ τὸ χρήσιμον ἰσάζοντες ταῖς ὠφελείαις καὶ
διαφέροντες), τοὺς ἴσους μὲν κατ᾽ ἰσότητα δεῖ τῷ φιλεῖν
καὶ τοῖς λοιποῖς ἰσάζειν, τοὺς δ᾽ ἀνίσους τῷ ἀνάλογον
ταῖς ὑπεροχαῖς ἀποδιδόναι.

Γίνεται δὲ τὰ ἐγκλήματα καὶ αἱ μέμψεις ἐν τῇ κατὰ

car les enfants sont un bien commun à tous les deux, et ce qui
est commun unit. Quant à la question de savoir comment le mari
doit se comporter envers sa femme et en général l'ami envers son
ami, ce n'est pas autre chose que chercher comment il est juste
[de le faire] ; car la justice n'est pas la même envers un ami et
un étranger, un compagnon de plaisir et un membre de la même
association religieuse.

XIII. Puisqu'il y a trois espèces d'amitiés, comme il a été dit
au commencement, et puisqu'il y a, en chaque espèce de liaison, ou égalité ou inégalité entre les amis (car les amis peuvent
être également vertueux, ou l'un plus que l'autre, de même
ceux qui sont liés par l'agrément [se donnent autant d'agrément,
ou l'un plus que l'autre], et ceux qui sont liés par l'utile peuvent
aussi se procurer autant d'avantages, ou l'un plus que l'autre)
il faut, s'il y a égalité, qu'elle se trouve dans l'attachement
réciproque et dans tout le reste; s'il y a inégalité, il faut réta-
blir l'égalité en se rendant ce qui est dû, proportionnellement à
la supériorité réciproque.

Les réclamations et les reproches ont lieu dans l'amitié fondée

τὰ γὰρ τέχνα   car les enfants
ἀγαθὸν κοινὸν ἀμφοῖν,   *sont* un bien commun à tous-deux,
τὸ δὲ κοινὸν συνέχει.   or ce *qui est* commun unit.
Τὸ δὲ   Mais ceci
πῶς συμβιωτέον   comment il doit-être-vécu
ἀνδρὶ πρὸς γυναῖκα   par l'homme avec *la* femme,
καὶ ὅλως φίλῳ   et généralement par l'ami
πρὸς φίλον   avec l'ami
φαίνεται ζητεῖσθαι   paraît être recherché
οὐδὲν ἕτερον   *comme n'étant* rien autre-chose
ἢ πῶς   que comment
δίκαιον·   *il est* juste *de le faire*;   [même
οὐ γὰρ φαίνεται τὸ αὐτὸν   car *le juste* ne se manifeste pas le
τῷ φίλῳ πρὸς τὸν φίλον   à l'ami pour l'ami
καὶ τὸν ὀθνεῖον   et *pour* l'étranger
καὶ τὸν ἑταῖρον   et *pour* le compagnon
καὶ τὸν συμφοιτητήν.   et *pour* le condisciple.

XIII. Τριττῶν δὲ φιλιῶν   XIII. Or trois amitiés
οὖσων,   étant,
καθάπερ εἴρηται ἐν ἀρχῇ,   comme il a été dit au début,
καὶ κατὰ ἑκάστην   et dans chacune
τῶν μὲν ὄντων φίλων   les uns étant amis
ἐν ἰσότητι,   dans l'égalité,   [rité
τῶν δὲ κατὰ ὑπεροχήν   les autres en-vertu-d'une supério-
(καὶ γὰρ ὁμοίως ἀγαθοὶ   (car ceux *qui sont* également bons
γίνονται φίλοι   deviennent amis   [moins-bon,
καὶ ἀμείνων χείρονι,   et le meilleur *devient ami* du
ὁμοίως δὲ καὶ   et semblablement aussi
ἡδεῖς,   *les gens* agréables,   [tile
καὶ διὰ τὸ χρήσιμον   et *on devient amis* à cause de l'u-
ἰσάζοντες καὶ διαφέροντες   étant-égaux et différant
ταῖς ὠφελείαις),   par les services),   [égaux
δεῖ μὲν τοὺς ἴσους   il faut d'une part ceux *qui sont*
κατὰ ἰσότητα   en-vertu-de l'égalité
ἰσάζειν τῷ φιλεῖν   être-égaux par le aimer
καὶ τοῖς λοιποῖς,   et par les autres choses,   [gaux
τοὺς δὲ ἀνίσους   d'autre part ceux *qui sont* iné-
τῷ ἀποδιδόναι   *être égaux* par le rendre
ἀνάλογον   proportionnellement
ταῖς ὑπεροχαῖς.   aux supériorités.
Τὰ δὲ ἐγκλήματα γίνεται   Or les plaintes ont-lieu
καὶ αἱ μέμψεις   ainsi que les reproches
ἐν τῇ φιλίᾳ   dans l'amitié

τὸ χρήσιμον φιλίᾳ, ἢ μόνη, ἢ μάλιστα εὐλόγως [1]. Οἱ
μὲν γὰρ δι' ἀρετὴν φίλοι ὄντες, εὖ δρᾶν ἀλλήλους προθυμοῦνται (τοῦτο γὰρ ἀρετῆς καὶ φιλίας), πρὸς τοῦτο
δ' ἁμιλλωμένων, οὐκ ἔστιν ἐγκλήματα οὐδὲ μάχαι
(τὸν γὰρ φιλοῦντα καὶ εὖ ποιοῦντα οὐδεὶς δυσχεραίνει,
ἀλλ' ἐὰν ᾖ χαρίεις [2], ἀμύνεται εὖ δρῶν· ὁ δ' ὑπερβάλλων [3], τυγχάνων οὗ ἐφίεται, οὐκ ἂν ἐγκαλοίη τῷ
φίλῳ· ἑκάτερος γὰρ τοῦ ἀγαθοῦ ὀρέγεται)· οὐ πάνυ
δ' οὐδ' ἐν τοῖς δι' ἡδονήν [4] (ἅμα γὰρ ἀμφοῖν γίνεται
οὗ ὀρέγονται, εἰ τῷ συνδιάγειν χαίρουσιν· γελοῖος δ'
ἂν φαίνοιτο καὶ ὁ ἐγκαλῶν τῷ μὴ τέρποντι, ἐξὸν μὴ
συνδιημερεύειν)· ἡ δὲ διὰ τὸ χρήσιμον ἐγκληματική·
ἐπ' ὠφελείᾳ γὰρ χρώμενοι ἀλλήλοις ἀεὶ τοῦ πλείονος
δέονται, καὶ ἔλαττον ἔχειν οἴονται τοῦ προσήκοντος,
καὶ μέμφονται ὅτι οὐχ ὅσων δέονται τοσούτων τυγ-
χάνουσιν ἄξιοι ὄντες· οἱ δ' εὖ ποιοῦντες οὐ δύνανται
ἐπαρκεῖν τοσαῦτα ὅσων οἱ πάσχοντες δέονται.

sur l'intérêt, et elles y ont lieu uniquement ou principalement.
Et cela s'explique : quand l'amitié est fondée sur la vertu, les
amis sont empressés à se bien conduire l'un envers l'autre (car
c'est le propre de la vertu et de l'amitié), et il résulte de
cette émulation qu'il n'y a ni plaintes ni contestations; car
personne ne se fâche contre qui l'aime et lui fait du bien. Mais
si [celui qui reçoit le plus est gracieux, il rend la pareille en bons
procédés. Celui qui donne le plus, obtenant ce qu'il désire, ne
fera pas de reproches à son ami, car chacun d'eux désire ce qui
est bien. Les plaintes ne se produisent guère non plus dans
l'amitié fondée sur le plaisir ; car les deux amis ont ce qu'ils
désirent, s'ils aiment à vivre ensemble, et l'on serait ridicule
de reprocher à un ami de ne pas vous charmer, quand on est
libre de ne pas passer ses jours ensemble. C'est l'amitié fondée
sur l'intérêt qui donne lieu aux récriminations. Comme [les
amis de cette espèce] ne sont en relation qu'en vue de l'utile, ils
demandent toujours plus, ils s'imaginent avoir moins qu'ils ne
doivent et se plaignent de ne pas obtenir ce qu'ils demandent,
quoiqu'ils y aient droit; et celui qui rend les services ne peut
suffire aux besoins de celui qui les reçoit.

κατὰ τὸ χρήσιμον,   selon l'utile,

ἢ μόνῃ,   ou seule

ἢ μάλιστα εὐλόγως.   ou le plus justement.

Οἱ μὲν γὰρ ὄντες φίλοι   Car d'une part ceux étant amis

διὰ ἀρετὴν   à cause de la vertu

προθυμοῦνται δρᾶν εὖ   désirent *se* faire du bien

ἀλλήλους   les uns-aux-autres

(τοῦτο γὰρ ἀρετῆς   (car *c'est le propre* de la vertu

καὶ φιλίας),   et de l'amitié),

ἁμιλλωμένων δὲ πρὸς τοῦτο,   et *eux* rivalisant pour cela,

οὐκ ἔστιν ἐγκλήματα   il n'est pas de plaintes

οὐδὲ μάχαι   ni de combats

(οὐδεὶς γὰρ δυσχεραίνει   (car personne n'est-mécontent

τὸν φιλοῦντα   de celui qui-*l'*aime

καὶ ποιοῦντα εὖ,   et qui-*lui*-fait du bien,

ἀλλὰ ἐὰν ᾖ χαρίεις,   mais si *l'obligé* est gracieux,

ἀμύνεται   il paye-de-retour

δρῶν εὖ·   en faisant du bien ;

ὁ δὲ ὑπερβάλλων   et celui l'emportant *sur ce point*

τυγχάνων οὗ ἐφίεται,   obtenant ce qu'il désire, [ami :

οὐκ ἐγκαλοίη ἂν τῷ φίλῳ·   ne ferait-pas-de-reproches à son

ἑκάτερος γὰρ ὀρέγεται   car chacun-des-deux désire

τοῦ ἀγαθοῦ)·   le bien) ; [guère *lieu*

οὐ πάνυ δὲ   d'autre part *les plaintes* n'*ont*

οὐδὲ ἐν τοῖς   non-plus entre ceux *qui sont amis*

διὰ ἡδονήν   à cause du plaisir

(οὐ γὰρ ὀρέγονται   (car *le bien* qu'ils désirent

γίνεται ἀμφοῖν ἅμα,   est à tous-deux à-la-fois, [ble :

εἰ χαίρουσι τῷ συνδιάγειν)·   s'ils se réjouissent du vivre-ensem-

ἡ δὲ διὰ τὸ χρήσιμον   mais l'*amitié* à cause de l'utile

ἐγκληματική·   *est* portée-à-accuser ;

χρώμενοι γὰρ ἀλλήλοις   car usant les-uns-des-autres

ἐπὶ ὠφελείᾳ   en-vue-de l'utilité [jours

δέονται ἀεὶ   ils (ces amis-là) ont besoin tou-

τοῦ πλείονος,   du plus,

καὶ οἴονται ἔχειν   et ils pensent avoir

ἔλαττον τοῦ προσήκοντος,   moins que *ce qui est* convenable,

καὶ μέμφονται   et se plaignent [choses

ὅτι οὐ τυγχάνουσι τοσούτων   qu'ils n'obtiennent pas autant de

ὅσων δέονται   qu'ils *en* demandent

ὄντες ἄξιοι·   *quoique en* étant dignes ;

οἱ δὲ ποιοῦντες εὖ   d'autre part ceux qui-font du bien

οὐ δύνανται ἐπαρκεῖν τοσαῦτα   ne peuvent fournir autant [*du bien.*

ὅσων δέονται οἱ πάσχοντες.   que demandent ceux qui-reçoivent

Ἔοικεν δέ, καθάπερ τὸ δίκαιόν ἐστι διττόν, τὸ μὲν ἄγραφον τὸ δὲ κατὰ νόμον, καὶ τῆς κατὰ τὸ χρήσιμον φιλίας ἡ μὲν ἠθικὴ ἡ δὲ νομικὴ εἶναι. Γίνεται οὖν τὰ ἐγκλήματα μάλισθ᾽ ὅταν μὴ κατὰ τὴν αὐτὴν συναλλάξωσιν καὶ διαλύωνται. Ἔστι δ᾽ ἡ νομικὴ μὲν ἐπὶ ῥητοῖς, ἡ μὲν πάμπαν ἀγοραία ἐκ χειρὸς εἰς χεῖρα[1], ἡ δὲ ἐλευθεριωτέρα εἰς χρόνον[2], καθ᾽ ὁμολογίαν δὲ τί ἀντὶ τίνος[3] (δῆλον δὲ ἐν ταύτῃ τὸ ὀφείλημα κοὐκ ἀμφίλογον, φιλικὸν δὲ τὴν ἀναβολὴν ἔχει · διὸ παρ᾽ ἐνίοις οὐκ εἰσὶν τούτων δίκαι, ἀλλ᾽ οἴονται δεῖν στέργειν τοὺς κατὰ πίστιν συναλλάξαντας).

Ἡ δ᾽ ἠθικὴ οὐκ ἐπὶ ῥητοῖς, ἀλλ᾽ ὡς φίλῳ δωρεῖται ἢ ὁτιδήποτε ἄλλο[4]. Κομίζεσθαι δὲ ἀξιοῖ τὸ ἴσον ἢ πλέον,

De même qu'il y a deux sortes de justices, l'une qui n'est pas écrite, l'autre conforme à la loi écrite, de même il semble qu'il y ait deux espèces d'amitiés fondées sur l'intérêt, l'une *morale*, l'autre *légale*. Or les récriminations ont lieu surtout quand on règle suivant une autre espèce d'amitié que l'on a contractée. L'amitié *légale* repose sur des conventions expresses, l'une entièrement mercantile, et comme opérant au comptant, l'autre plus libérale [parce qu'elle admet] un délai, mais stipulant ce qu'on se donnera en échange. Dans ce dernier cas, la dette est évidente, incontestable, mais le délai est la part de l'amitié, aussi dans quelques cités il n'y a pas de procès là-dessus, et ils croient que ceux qui ont contracté de confiance doivent se tenir pour satisfaits [quoi qu'il arrive].

L'amitié *morale* n'agit pas à des conditions expressément convenues, mais on donne ou on rend n'importe quels services comme à un ami. Cependant on prétend ·recevoir autant ou

Ἔοικεν δέ,	D'ailleurs il semble,
καθάπερ τὸ δίκαιόν	de-même-que la justice
ἐστι διττόν,	est double,
τὸ μὲν ἄγραφον,	l'une non-écrite,
τὸ δὲ κατὰ νόμον,	l'autre selon la loi,
καὶ τῆς φιλίας	aussi de l'amitié
κατὰ τὸ χρήσιμον	selon l'utile
ἡ μὲν εἶναι ἠθικὴ	l'une (une espèce) être morale,
ἡ δὲ νομική.	l'autre légale.
Τὰ οὖν ἐγκλήματα	Or les plaintes
γίνεται μάλιστα	ont-lieu surtout
ὅταν μὴ συναλλάξωσιν	lorsqu'on ne contracte pas
καὶ διαλύωνται	et qu'on ne s'acquitte pas
κατὰ τὴν αὐτήν.	selon la même espèce d'amitié.
Ἡ δὲ νομικὴ	Or l'amitié légale
ἐστι μὲν	est (repose) d'une part
ἐπὶ ῥητοῖς,	sur des choses convenues,
ἡ μὲν πάμπαν ἀγοραία	l'une complètement mercantile
ἐκ χειρὸς εἰς χεῖρα,	donnant de la main à la main,
ἡ δὲ ἐλευθεριωτέρα	l'autre plus libérale
εἰς χρόνον,	donnant pour un temps,
κατὰ ὁμολογίαν δὲ	mais suivant convention
τί	stipulant quelle-chose sera donnée
ἀντὶ τίνος	en-échange-de quelle autre
(τὸ δὲ ὀφείλημα ἐν ταύτῃ	(or la dette dans celle-là
δῆλον καὶ οὐκ ἀμφίλογον,	est évidente et non contestable,
φιλικὸν δὲ	mais un sentiment affectueux
ἔχει τὴν ἀναβολήν·	a (admet) le délai ;
διόπερ παρὰ ἐνίοις	c'est pourquoi chez quelques-uns
οὐκ εἰσὶν δίκαι	il n'y a pas de procès
τούτων,	de (pour) ces dettes,
ἀλλὰ οἴονται δεῖν	mais ils pensent qu'il faut
τοὺς συναλλάξαντας	ceux ayant contracté
κατὰ πίστιν	par confiance
στέργειν).	se résigner).
Ἡ δὲ ἠθικὴ	D'autre part l'amitié morale
οὐκ	ne repose pas
ἐπὶ ῥητοῖς,	sur des choses convenues,
ἀλλὰ δωρεῖται	mais alors l'ami donne
ὡς φίλῳ,	comme à un ami, [ce-soit.
ἢ ὁτιδήποτε ἄλλο.	ou rend quelqu'autre service que-
Ἀξιοῖ δὲ κομίζεσθαι	Mais il prétend emporter-pour-soi
τὸ ἴσον	la même chose
ἢ πλέον,	ou davantage,

ὡς οὐ δεδωκὼς ἀλλὰ χρήσας. Οὐχ ὁμοίως δὲ[1] συν-
αλλάξας καὶ διαλυόμενος ἐγκαλέσει. Τοῦτο δὲ συμβαί-
νει διὰ τὸ βούλεσθαι μὲν πάντας ἢ τοὺς πλείστους τὰ
καλά, προαιρεῖσθαι δὲ τὰ ὠφέλιμα. Καλὸν δὲ τὸ εὖ
ποιεῖν μὴ ἵνα ἀντιπάθῃ, ὠφέλιμον δὲ τὸ εὐεργετεῖσθαι.
Δυναμένῳ δὴ ἀνταποδοτέον τὴν ἀξίαν ὧν ἔπαθεν, καὶ
ἑκόντι · ἄκοντα γὰρ φίλον οὐκ οἰητέον · ὡς δὴ διαμαρ-
τόντα ἐν τῇ ἀρχῇ καὶ εὖ παθόντα ὑφ' οὗ οὐκ ἔδει · οὐ
γὰρ ὑπὸ φίλου, οὐδὲ δι' αὐτὸ τοῦτο δρῶντος, καθάπερ
οὖν ἐπὶ ῥητοῖς εὐεργετηθέντα διαλυτέον[2]. Καὶ ὁμολο-
γῆσαι δ' ἂν δυνάμενος ἀποδώσειν · ἀδυνατοῦντα δὲ
οὐδὲ ὁ δοὺς ἠξίωσεν ἄν · ὥστ' εἰ δυνατός, ἀποδοτέον.
Ἐν ἀρχῇ δ' ἐπισκεπτέον ὑφ' οὗ εὐεργετεῖται καὶ ἐπὶ
τίνι, ὅπως ἐπὶ τούτοις ὑπομένῃ ἢ μή.

davantage, comme si on avait prêté et non donné. Il en résulte
que réglant [suivant une autre espèce d'amitié] que l'on a contractée on ércriminera. Cela arrive parce que tous les hommes
ou au moins la plupart désirent ce qui est beau, et veulent ce
qui est utile. Or il est beau de faire du bien sans compter sur
le retour, mais il est utile de recevoir. Aussi, quand on le peut,
il faut rendre l'équivalent de ce qu'on a reçu, et sans contrainte
(car il ne faut pas croire que [celui qui s'acquitte] par contrainte soit un ami). Il faut donc penser qu'on s'est trompé à
l'origine et qu'on a reçu des services de qui on ne devait pas en
recevoir; car on n'a pas été obligé par un ami qui agit uniquee-
ment pour obliger; il faut donc s'acquitter comme si on avait
été obligé à des conditions expresses. [Et s'il y en avait eu], on
serait convenu de rendre si on le pouvait, et celui qui donne
n'exigerait pas non plus de qui ne peut rendre. Ainsi, si on le
peut, il faut rendre. Mais faisons attention dans l'origine à qui
nous oblige, et à quelles conditions, afin de nous laisser obliger
ainsi, ou de n'y pas consentir.

ὡς οὐ δεδωκὼς	comme n'ayant pas donné,
ἀλλὰ χρήσας.	mais comme ayant prêté.
Ἐγκαλέσει δὲ	Et il se plaindra
συναλλάξας καὶ διαλυόμενος	ayant contracté et étant payé
οὐχ ὁμοίως.	non semblablement.
Τοῦτο δὲ συμβαίνει	Or cela arrive
διὰ τὸ	à cause de ceci
πάντας ἢ τοὺς πλείστους	tous ou la plupart [belles,
βούλεσθαι μὲν τὰ καλά,	vouloir d'une part les choses-
προαιρεῖσθαι δὲ τὰ ὠφέλιμα.	d'autre part préférer les utiles.
Τὸ δὲ ποιεῖν εὖ	Or le faire du bien [pareille
μὴ ἵνα ἀντιπαθῇ	non afin qu'il (on) éprouve-la-
καλόν,	est beau,
τὸ δὲ εὐργετεῖσθαι ὠφέλιμον.	mais le recevoir-du-bien est utile.
Ἀνταποδοτέον δὴ	Il faut-rendre donc
δυναμένῳ	pour qui le peut
τὴν ἀξίαν ὧν ἔπαθεν,	l'équivalent de ce qu'il a reçu,
καὶ ἑκόντι·	et le rendre volontiers; [ami
οὐ γὰρ οἰητέον φίλον	car il ne faut pas regarder comme
ἄκοντα,	celui qui rend malgré-lui,
ὡς δὴ	il faut se considérer comme certes
διαμαρτόντα	s'étant trompé
ἐν τῇ ἀρχῇ	dans le commencement
καὶ παθόντα εὖ	et ayant éprouvé du bien [ver;
ὑπὸ οὗ οὐκ ἔδει·	de qui il ne fallait pas en éprou-
οὐ γὰρ ὑπὸ φίλου	car on n'en a pas éprouvé d'un
οὐδὲ δρῶντος	ni de quelqu'un agissant [ami
διὰ τοῦτο αὐτό,	à cause de cela même,
διαλυτέον οὖν	il faut s'acquitter donc
καθάπερ εὐεργετηθέντα	comme ayant reçu-du-bien [nues.
ἐπὶ ῥητοῖς.	moyennant des conditions conve-
Καὶ δὲ ὁμολογῆσαι ἂν	Et d'ailleurs il (on) se serait engagé
ἀποδώσειν δυνάμενος·	à rendre le pouvant; [a-donné
οὐδὲ δὲ ὁ δοὺς	d'autre part pas-même celui qui-
ἠξίωσεν ἂν	ne prétendrait [dre;
ἀδυνατοῦντα·	celui qui-ne-peut-pas devoir ren-
ὥστε ἀποδοτέον,	de sorte qu'il faut-rendre
εἰ δυνατός.	si il (on) est capable de rendre.
Ἐπισκεπτέον δὲ	Mais il faut examiner
ἐν ἀρχῇ	au commencement
ὑπὸ οὗ εὐεργετεῖται	par qui il (on) est obligé
καὶ ἐπὶ τίνι,	et moyennant quelle condition,
ὅπως ὑπομένῃ ἢ μὴ	afin qu'il (on) consente ou non
ἐπὶ τούτοις.	moyennant ces conditions.

Ἀμφισβήτησιν δ' ἔχει πότερα δεῖ τῇ τοῦ παθόντος
ὠφελείᾳ μετρεῖν καὶ πρὸς ταύτην ποιεῖσθαι τὴν ἀντα-
πόδοσιν, ἢ τῇ τοῦ δράσαντος εὐεργεσίᾳ. Οἱ μὲν γὰρ
παθόντες τοιαῦτά φασιν λαβεῖν παρὰ τῶν εὐεργετῶν ἃ
μικρὰ ἦν ἐκείνοις καὶ ἐξῆν παρ' ἑτέρων λαβεῖν, κατα-
σμικρίζοντες· οἱ δ' ἀνάπαλιν τὰ μέγιστα τῶν παρ'
αὐτοῖς, καὶ ἃ παρ' ἄλλων οὐκ ἦν, καὶ ἐν κινδύνοις
ἢ τοιαύταις χρείαις. Ἆρ' οὖν διὰ μὲν τὸ χρήσιμον
τῆς φιλίας οὔσης ἡ τοῦ παθόντος ὠφέλεια μέτρον
ἐστίν; Οὗτος γὰρ ὁ δεόμενος, καὶ ἐπαρκεῖ¹ αὐτῷ
ὡς κομιούμενος τὴν ἴσην· τοσαύτη οὖν γεγένηται ἡ
ἐπικουρία ὅσον οὗτος ὠφέληται, καὶ ἀποδοτέον δὴ
αὐτῷ ὅσον ἐπηύρατο, ἢ καὶ πλέον· κάλλιον γάρ.
Ἐν δὲ ταῖς κατ' ἀρετὴν ἐγκλήματα μὲν οὐκ ἔστιν,

Il y a lieu de discuter si la dette contractée doit être mesurée
par l'utilité qu'a retirée l'obligé et être acquittée en conséquence
ou {s'il faut l'apprécier] d'après l'importance du bienfait relativement au bienfaiteur. L'obligé prétend qu'il n'a reçu du bienfaiteur que ce qui n'était que peu de chose pour lui et ce qui
pouvait être donné par d'autres, et il cherche ainsi à déprécier
[le service rendu]; le bienfaiteur, au contraire, soutient qu'il a
donné ce qu'il avait de plus important, ce que d'autres ne pou-
vaient donner et cela dans le danger ou d'autres circonstances
pressantes. L'amitié étant fondée sur l'intérêt, l'utilité retirée par
l'obligé doit-elle servir de mesure? C'est l'obligé qui était dans le
besoin, et [son ami] est venu à son secours comptant qu'on lui ren-
drait la pareille. Le service rendu a donc été aussi grand que l'utilité retirée par l'obligé, et il faut par conséquent qu'il rende autant
qu'il a reçu, ou même davantage; car c'est plus beau. Quant aux
amitiés fondées sur la vertu, il n'y a pas lieu à des récriminations.

Ἔχει δὲ ἀμφισβήτησιν	Or cela a (admet) discussion
πότερα δεῖ μετρεῖν	s'il faut mesurer le bienfait
τῇ ὠφελείᾳ τοῦ παθόντος	sur l'avantage de l'obligé
καὶ ποιεῖσθαι τὴν ἀνταπόδοσιν	et faire la récompense
πρὸς ταύτην,	eu-égard-à cette utilité,
ἢ τῇ εὐεργεσίᾳ	ou sur la bienfaisance
τοῦ δράσαντος.	de celui qui a fait du bien.
Οἱ μὲν γὰρ	Car ceux d'une part
παθόντες	ayant été obligés
φασὶν λαβεῖν	prétendent avoir reçu
παρὰ τῶν εὐεργετῶν	de leurs bienfaiteurs
τοιαῦτα	des choses telles
ἃ ἦν μικρὰ αὐτοῖς	qui étaient petites pour eux
καὶ ἐξῆν	et qu'il leur était-possible
λαβεῖν παρὰ ἑτέρων,	de recevoir d'autres,
κατασμικρίζοντες·	rapetissant ce qu'ils ont reçu;
οἱ δὲ	les autres (les bienfaiteurs)
ἀνάπαλιν	au contraire[ses-les-plus-grandes
τὰ μέγιστα	soutiennent qu'ils ont reçu les cho-
τῶν	de celles qui étaient
παρὰ αὐτοῖς,	chez eux-mêmes,
καὶ ἃ οὐκ ἦν	et lesquelles il n'était-pas-possible
παρὰ ἄλλων,	de recevoir d'autres,
καὶ ἐν κινδύνοις	et dans des dangers
ἢ τοιαύταις χρείαις.	ou dans de telles nécessités.
Ἆρα οὖν	Est-ce-que donc
τῆς φιλίας οὔσης	l'amitié existant
διὰ τὸ χρήσιμον	à cause de l'utilité
ἡ ὠφέλεια τοῦ παθόντος	l'avantage de l'obligé
ἐστὶ μέτρον ;	est la mesure?
Οὗτος γὰρ ὁ δεόμενος,	Car c'est lui qui est-dans-le-besoin,
καὶ ἐπαρκεῖ αὐτῷ	et l'autre secourt lui
ὡς κομιούμενος	comme devant emporter (obtenir)
τὴν ἴσην·	la pareille;
ἡ ἐπικουρία οὖν	le secours donc
γεγένηται τοσαύτη	a été aussi-grand
ὅσον οὗτος ὠφέληται,	que celui-là a été aidé,
καὶ ἀποδοτέον δὴ αὐτῷ	et il doit-être-rendu donc par lui
ὅσον ἐπηύρατο	autant qu'il a obtenu
ἢ καὶ πλέον·	ou même davantage;
κάλλιον γάρ.	car c'est plus beau.
Ἐν δὲ ταῖς	Mais dans les amitiés
κατὰ ἀρετὴν	selon la vertu
ἐγκλήματα μὲν οὐκ ἔστιν,	plaintes d'une part ne sont pas,

μέτρῳ δ' ἔοικεν ἡ τοῦ δράσαντος προαίρεσις· τῆς
ἀρετῆς γὰρ καὶ τοῦ ἤθους ἐν τῇ προαιρέσει τὸ κύριον.

XIV. Διαφέρονται δὲ καὶ ἐν ταῖς καθ' ὑπεροχὴν φιλίαις. Ἀξιοῖ γὰρ ἑκάτερος πλέον ἔχειν, ὅταν δὲ τοῦτο
γίνηται, διαλύεται ἡ φιλία. Οἴεται γὰρ ὅ τε βελτίων
προσήκειν αὐτῷ πλέον ἔχειν (τῷ γὰρ ἀγαθῷ νέμεσθαι[1]
πλέον)· ὁμοίως δὲ καὶ ὁ ὠφελιμώτερος. Ἀχρεῖον γὰρ
ὄντα οὔ φασιν[2] δεῖν ἴσον ἔχειν· λειτουργίαν[3] τε γὰρ γίνεσθαι καὶ οὐ φιλίαν, εἰ μὴ κατ' ἀξίαν τῶν ἔργων ἔσται τὰ
ἐκ τῆς φιλίας· οἴονται γάρ, καθάπερ ἐν χρημάτων κοινωνίᾳ πλεῖον λαμβάνουσιν οἱ συμβαλλόμενοι πλεῖον, οὕτω
δεῖν καὶ ἐν τῇ φιλίᾳ. Ὁ δ' ἐνδεὴς καὶ ὁ χείρων ἀνάπαλιν[4]·
φίλου γὰρ ἀγαθοῦ εἶναι τὸ ἐπαρκεῖν τοῖς ἐνδεέσιν· τί
γάρ, φασίν[5], ὄφελος σπουδαίῳ ἢ δυνάστῃ φίλον εἶναι,

et la mesure paraît être dans l'intention du bienfaiteur ; car
en fait de vertu et de mœurs, c'est l'intention qui est le prin-
cipal.

XIV. Il s'élève encore des différends dans les liaisons où il y a
inégalité entre les amis ; chacun prétend avoir plus que l'autre,
et, lorsque cela arrive, l'amitié se dissout. Celui qui a le plus
de *vertu* croit qu'il lui appartient d'avoir plus que l'autre,
parce qu'on accorde plus au mérite. De même celui qui est le
plus utile ; il dira qu'étant inutile celui [qui est inférieur]
ne doit pas avoir autant, qu'il y a alors prestation et non
amitié, si les avantages de l'amitié ne sont pas proportionnés
à ce que chacun fait pour l'autre ; ils croient que si on reçoit
plus dans une société de spéculation quand on a fourni une
mise plus considérable, il doit en être de même en amitié. Celui
qui est le moins utile ou a le moins de *vertu* [fait le rai-
sonnement] inverse ; il dit qu'il est du devoir d'un bon ami
de venir au secours dans le besoin ; à quoi bon, en effet,
être ami d'un homme qui a du mérite ou de la puissance,

ἡ δὲ προαίρεσις	mais l'intention
τοῦ δράσαντος	de celui qui-a-fait *du bien*
ἔοικε μέτρῳ·	ressemble à une mesure ;
τὸ κύριον γὰρ τῆς ἀρετῆς	car le principal de la vertu
καὶ τοῦ ἤθους	et du caractère
ἐν τῇ προαιρέσει.	*est* dans l'intention.
XIV. Διαφέρονται δὲ	XIV. D'autre part on est-en-dé-
καὶ ἐν ταῖς φιλίαις	aussi dans les amitiés [saccord
κατὰ ὑπεροχήν.	*existant* en-vertu-d'une supériorité
Ἑκάτερος γὰρ ἀξιοῖ	Car chacun–des–deux prétend
ἔχειν πλέον,	avoir plus,
ὅταν δὲ τοῦτο γίνηται	or lorsque cela a-lieu
ἡ φιλία διαλύεται.	l'amitié se dissout.
Ὅ τε γὰρ βελτίων	Car et le meilleur [tient)
οἴεται προσήκειν	pense appartenir (qu'il lui appar-
αὐτῷ ἔχειν πλέον	à lui–même d'avoir plus
(πλέον γὰρ νέμεσθαι	(car plus être accordé
τῷ ἀγαθῷ)·	au bon) ;
ὁμοίως δὲ καὶ	et semblablement aussi
ὁ ὠφελιμώτερος.	*pense* le plus utile.
Φασὶν γὰρ οὐ δεῖν	Car ils disent ne pas falloir
ὄντα ἀχρεῖον	étant (quand on est) inutile
ἔχειν ἴσον·	avoir autant ;
λειτουργίαν τε γὰρ	et en effet prestation
καὶ οὐ φιλίαν γίνεσθαι,	et non amitié exister,
εἰ τὰ	si les *avantages*
ἐκ τῆς φιλίας	*résultant* de l'amitié
μὴ ἔσται	ne seront (sont pas)
κατὰ ἀξίαν τῶν ἔργων·	en proportion des actes ;
οἴονται γάρ,	car ils pensent,
καθάπερ	de-même-que
ἐν κοινωνίᾳ χρημάτων	dans une association d'argent
οἱ συμβαλλόμενοι πλεῖον	ceux qui–contribuent davantage
λαμβάνουσιν πλεῖον,	reçoivent davantage,
δεῖν οὕτω	falloir (qu'il faut) *en être* de même
καὶ ἐν τῇ φιλίᾳ.	aussi dans l'amitié.
Ὁ δὲ ἐνδεὴς καὶ ὁ χείρων	D'autre part l'inférieur et le pire
ἀνάπαλιν·	*pensent* tout-au-contraire ;
τὸ γὰρ ἐπαρκεῖν τοῖς ἐνδεέσιν	car le secourir les inférieurs
εἶναι ἀγαθοῦ φίλου·	être *le devoir* d'un bon ami ;
τί γὰρ ὄφελος, φασίν,	car quel avantage, disent-ils,
εἶναι φίλον	**d'être ami**
σπουδαίῳ ἢ δυνάστῃ,	à un *homme* vertueux ou puissant.

μηδέν γε μέλλοντα ἀπολαύειν; Ἔοικεν δὲ ἑκάτερος
ὀρθῶς ἀξιοῦν, καὶ δεῖν ἑκατέρῳ πλέον νέμειν ἐκ τῆς
φιλίας, οὐ τοῦ αὐτοῦ δέ, ἀλλὰ τῷ μὲν ὑπερέχοντι τιμῆς
τῷ δ' ἐνδεεῖ κέρδους· τῆς μὲν γὰρ ἀρετῆς καὶ τῆς
εὐεργεσίας ἡ τιμὴ γέρας, τῆς δ' ἐνδείας ἐπικουρία τὸ
κέρδος.

Οὕτω δ' ἔχειν τοῦτο καὶ ἐν ταῖς πολιτείαις φαίνεται. [Οὐ γὰρ τιμᾶται ὁ μηδὲ ἀγαθὸν τῷ κοινῷ πορί-
ζων· τὸ κοινὸν γὰρ δίδοται τῷ τὸ κοινὸν εὐεργετοῦντι, ἡ τιμὴ δὲ κοινόν.] Οὐ γὰρ ἔστιν ἅμα χρηματίζεσθαι ἀπὸ τῶν κοινῶν καὶ τιμᾶσθαι. Ἐν πᾶσι γὰρ
τὸ ἔλαττον οὐδεὶς ὑπομένει· τῷ δὴ περὶ χρήματα
ἐλαττουμένῳ τιμὴν ἀπονέμουσιν, καὶ τῷ δωροδόκῳ
χρήματα· τὸ κατ' ἀξίαν γὰρ ἐπανισοῖ καὶ σῴζει

si l'on ne doit en retirer aucun avantage? Il semble que les
prétentions de chacun des deux amis soient fondées et qu'il faille
faire à chacun une part plus forte en amitié, non dans des avantages de même espèce, mais de manière à ce qu'il y ait plus
d'honneur pour celui qui a la supériorité, plus de profit pour
celui qui est dans une situation inférieure; car l'honneur est la
récompense de la *vertu* et de la bienfaisance, le profit est la
ressource de l'infériorité.

Il semble en être ainsi dans le gouvernement des États;
on n'honore pas celui qui ne procure aucun avantage à la
communauté, car ce qui appartient à tous se donne à celui
qui fait du bien à tous, et l'honneur est le bien de tous. Il n'est
pas possible de tirer profit des affaires publiques et en même
temps d'être honoré. Personne ne consent à perdre en tout ses
avantages; on attribue donc des honneurs à celui qui sacrifie de
l'argent, et de l'argent à celui qui tient plutôt à en recevoir.
L'attribution proportionnelle rétablit l'égalité et conserve

μέλλοντά γε — ne devant du moins

ἀπολαύειν μηδέν. — *en* profiter en rien.

Ἑκάτερος δὲ ἔοικεν — Or chacun-des-deux semble

ἀξιοῦν ὀρθῶς, — prétendre justement,

καὶ δεῖν νέμειν πλέον — et falloir (qu'il faille) accorder plus

ἑκατέρῳ — à chacun-des-deux

ἐκ τῆς φιλίας, — *des avantages tirés* de l'amitié,

οὐ δὲ τοῦ αὐτοῦ, — mais non du même *avantage*,

ἀλλὰ τῷ μὲν — mais à celui d'une part

ὑπερέχοντι — qui est-supérieur

τιμῆς, — *plus* d'honneur,   [rieur

τῷ δὲ ἐνδεεῖ — à celui d'autre part *qui est* infé-

κέρδους· — *plus* de profit;

ἡ μὲν γὰρ τιμὴ — car d'une part l'honneur

γέρας — *est* la récompense

τῆς ἀρετῆς καὶ εὐεργεσίας. — de la vertu et de la bienfaisance,

τὸ δὲ κέρδος — d'autre part le profit *est*

ἐπικουρία τῆς ἐνδείας. — l'assistance de (due à) l'infériorité.

Τοῦτο δὲ φαίνεται — Et cela paraît

ἔχειν οὕτω — être de-même

καὶ ἐν ταῖς πολιτείαις. — aussi dans les gouvernements.

Ὁ γὰρ μηδὲ πορίζων — Car celui qui-*ne*-procure pas non-

ἀγαθὸν — de bien   [plus

τῷ κοινῷ — à la communauté

οὐ τιμᾶται· — n'est pas honoré;

τὸ γὰρ κοινὸν — car ce *qui est* commun (à tous)

δίδοται — se donne

τῷ εὐεργετοῦντι — à celui qui fait-du-bien

τὸ κοινόν, — à la communauté,

ἡ δὲ τιμὴ — or l'honneur *est*

κοινόν. — une chose-commune (à tous).

Οὐ γὰρ ἔστιν — Car il n'est-pas-possible

χρηματίζεσθαι — de s'enrichir

ἀπὸ τῶν κοινῶν — des *affaires* communes (publiques)

ἅμα καὶ τιμᾶσθαι. — et en-même-temps d'être honoré.

Οὐδεὶς γὰρ ὑπομένει — Car personne ne supporte

τὸ ἔλαττον ἐν πᾶσιν· — l'infériorité en toutes choses;

ἀπονέμουσιν δὴ τιμὴν — on attribue donc l'honneur

τῷ ἐλαττουμένῳ — à celui qui est inférieur

περὶ χρήματα, — pour l'argent,

καὶ χρήματα — et l'argent

τῷ δωροδόκῳ· — à l'*homme* vénal;

τὸ γὰρ κατὰ ἀξίαν — car ce *qui est* selon la proportion

ἐπανισοῖ καὶ σῴζει — égalise et conserve

τὴν φιλίαν, καθάπερ εἴρηται. Οὕτω δὴ καὶ τοῖς ἀνίσοις
ὁμιλητέον, καὶ τῷ εἰς χρήματα ὠφελουμένῳ ἢ εἰς ἀρετὴν
τιμὴν ἀνταποδοτέον, ἀνταποδιδόντα[1] τὰ ἐνδεχόμενα. Τὸ
δυνατὸν γὰρ ἡ φιλία ἐπιζητεῖ, οὐ τὸ κατ' ἀξίαν· οὐδὲ γὰρ
ἔστιν ἐν πᾶσιν, καθάπερ ἐν ταῖς πρὸς τοὺς θεοὺς τιμαῖς
καὶ τοὺς γονεῖς· οὐδεὶς γὰρ ἄν ποτε τὴν ἀξίαν ἀποδοίη,
εἰς δύναμιν δὲ ὁ θεραπεύων ἐπιεικὴς εἶναι δοκεῖ. Διὸ κἂν
δόξειεν οὐκ ἐξεῖναι υἱῷ πατέρα ἀπείπασθαι, πατρὶ δ'
υἱόν. Ὀφείλοντα γὰρ ἀποδοτέον, οὐδὲν δέ, ποιήσας[2],
ἄξιον τῶν ὑπηργμένων δέδρακεν, ὥστ' ἀεὶ ὀφείλει · οἷς
δ' ὀφείλεται, ἐξουσία ἀπεῖναι, καὶ τῷ πατρὶ δή. Ἅμα
δ' ἴσως οὐδεὶς ποτ' ἂν ἀποστῆναι δοκεῖ μὴ ὑπερβάλλοντος[3] μοχθηρίᾳ (χωρὶς γὰρ τῆς φυσικῆς φιλίας

l'amitié, comme il a été dit. C'est ainsi qu'il faut se comporter
l'un envers l'autre, quand il y a inégalité, et celui qui est aidé
pécuniairement ou moralement doit honorer en retour [celui qui
l'aide] et rendre ainsi ce qu'il peut. Car l'amitié cherche ce qui est
possible, et non ce qui est proportionnel [au bienfait] ; en effet,
on ne peut pas toujours s'acquitter, comme il arrive pour les honneurs que l'on rend aux dieux et aux parents; car personne ne
peut les honorer proportionnellement [à leurs bienfaits], mais
celui qui leur rend hommage dans la mesure de son pouvoir passe
pour honnête homme. C'est pour cela qu'il semblerait qu'un fils
ne puisse pas renoncer son père, tandis que le père peut renoncer son fils ; il faut rendre quand on doit, et [un fils] a beau
faire, il ne peut pas rendre l'équivalent de ce qu'il a reçu, en
sorte qu'il doit toujours : or celui à qui il est dû est libre de
renoncer le débiteur, par conséquent le père, [son fils]. Au reste
peut-être aucun père ne renoncera son fils, à moins qu'il ne
soit d'une perversité excessive (car, outre l'affection naturelle,

τὴν φιλίαν,	l'amitié,
καθάπερ εἴρηται.	comme il a été dit.
Ὁμιλητέον δὴ οὕτω	Il doit donc être vécu ainsi
καὶ τοῖς ἀνίσοις,	aussi entre les *amis* inégaux,
καὶ ἀνταποδοτέον	et il doit être-rendu-en-retour
τιμὴν	de l'honneur
τῷ ὠφελουμένῳ	par celui qui-est-aidé
εἰς χρήματα ἢ εἰς ἀρετήν,	en argent ou en vertu,
ἀνταποδιδόντα	rendant-en-retour
τὰ ἐνδεχόμενα.	les choses-possibles.
Ἡ γὰρ φιλία ἐπιζητεῖ	Car l'amitié recherche
τὸ δυνατόν,	le possible,
οὐ τὸ κατὰ ἀξίαν·	non ce *qui est* selon la porportion :
οὐδὲ γὰρ ἔστιν·	car *cela* n'est même-pas possible
ἐν πᾶσιν,	en toutes choses,
καθάπερ ἐν ταῖς τιμαῖς	comme dans les honneurs
πρὸς τοὺς θεοὺς	envers les dieux
καὶ τοὺς γονεῖς·	et les parents ;
οὐδεὶς γὰρ ἀποδοίη ἄν ποτε	car personne ne rendrait jamais
τὴν ἀξίαν,	l'équivalence.
ὁ δὲ θεραπεύων	mais celui qui *les* honore
εἰς δύναμιν	selon *son* pouvoir
δοκεῖ εἶναι ἐπιεικής.	paraît être honnête.
Διὸ καὶ δόξειεν ἂν	C'est pourquoi aussi il semblerait
οὐκ ἐξεῖναι υἱῷ	n'être pas permis au fils
ἀπείπασθαι πατέρα.	de renoncer *son* père,
πατρὶ δὲ υἱόν.	mais au père de *renoncer* son fils.
Ἀποδοτέον γὰρ	Car il faut-rendre
ὀφείλοντα,	devant (quand on doit),
ποιήσας δὲ	et *le fils* ayant fait *quoique ce soit*
δέδρακεν οὐδὲν ἄξιον	n'a fait rien d'équivalent
τῶν ὑπηργμένων,	des *bienfaits* précédemment-reçus,
ὥστε ὀφείλει ἀεί ·	de sorte qu'il doit toujours ;
ἐξουσία δὲ	mais liberté
ἀφεῖναι	de renoncer *à leur créance*
οἷς ὀφείλεται,	*est à ceux* à qui il est dû,
καὶ τῷ πατρὶ δή.	et au père donc.
Ἅμα δὲ ἴσως	Mais en-même-temps peut-être
οὐδεὶς δοκεῖ	nul *père* ne paraît
ἀποστῆναι ἄν ποτε	devoir renoncer jamais
μὴ ὑπερβάλλοντος	a *son fils* n'étant pas (s'il n'est pas
μοχθηρίᾳ	en perversite [excessif
χωρὶς γὰρ	(car en dehors
τῆς φιλίας φυσικῆς	de l'affection naturelle

τὴν ἐπικουρίαν ἀνθρωπικὸν μὴ διωθεῖσθαι) · τῷ δὲ φευ-
κτὸν ἢ οὐ σπουδαστὸν τὸ ἐπαρκεῖν, μοχθηρῷ ὄντι. Εὖ
πάσχειν γὰρ οἱ πολλοὶ βούλονται. τὸ δὲ ποιεῖν φεύ-
γουσιν ὡς ἀλυσιτελές. Περὶ μὲν οὖν τούτων ἐπὶ τοσοῦτον εἰρήσθω [1].

il n'est pas dans la nature humaine de se priver d'un appui);
d'autre part le fils évitera de venir en aide à son père ou
n'y sera pas empressé, s'il est vicieux. Car la plupart aiment
bien à recevoir des services, mais répugnent à en rendre, parce
que ce n'est pas profitable. Mais nous avons assez parlé sur ce
sujet.

ἀνθρωπικὸν	*il est* naturel-à-l'homme
μὴ διωθεῖσθαι τὴν ἐπικουρίαν)·	de ne pas repousser l'assistance);
τὸ δὲ ἐπαρκεῖν	d'autre part le assister *son père*
φευκτὸν ἢ οὐ σπουδαστὸν	est chose évitée ou non recherchéc
ὄντι μοχθηρῷ.	pour *le fils* qui est pervers,
Οἱ γὰρ πολλοὶ βούλονται	Car la plupart désirent
πάσχειν εὖ,	éprouver du bien,
φεύγουσιν δὲ τὸ ποιεῖν	mais ils évitent le faire *du bien*
ὡς ἀλυσιτελές.	comme non-profitable.
Εἰρήσθω μὲν οὖν	Qu'il ait donc été parlé
περὶ τούτων	sur ces *questions*
ἐπὶ τοσοῦτον.	jusqu'à autant (jusque-là).

NOTES

SUR LA MORALE A NICOMAQUE

Page 2 : 1. Μετὰ ταῦτα. Aristote a traité précédemment de la vertu et de l'ἐγκράτεια, qui est une sorte de vertu. Il est donc amené naturellement à parler de l'amitié, qui est également ἀρετή τις.

Page 4 : 1. Πρὸς τὸ ἀναμάρτητον. L'amitié des jeunes gens étant fondée sur le plaisir, comme le dit Aristote lui-même au chapitre III, on ne voit pas bien comment elle pourrait préserver des fautes. Il serait plus juste de dire le contraire.

— 2. βοηθείας. Les autres éditions portent βοηθεῖ qui est bien plus clair. C'est la leçon que paraît adopter M. Thurot dans sa traduction. Pour expliquer βοηθείας, il faut en faire un accusatif pluriel équivalant à βοηθούς et construire : οἴονται τοὺς φίλους εἶναι καὶ βοηθείας... νέοις...

— 3. Ἐρχομένω. Vers d'Homère, *Iliade*, X, 224. Σύν τε δύ' ἐρχομένω, καί τε πρὸ ὁ τοῦ ἐνόησεν, Ὅππως κέρδος ἔῃ. L'hémistiche que donne Aristote était passé en proverbe.

—4. Καί... γεννηθέντι. Nous avons rétabli dans le texte français cette phrase omise par le traducteur, parce qu'il la considère comme interpolée.

— 5. Ἐν ταῖς πλάναις. Allusion aux droits de l'hospitalité si puissants et si respectés chez les anciens.

— 6. Φίλων... ὄντων. Proposition absolue exprimant une idée générale, « quand on est ami. » C'est aussi le sens de δίκαιοι... προσδέονται.

Page 6 : 1. Τὸν ὅμοιον. Encore un proverbe tiré d'Homère, *Odyssée*, XVII, 218 : Ὡς (tant) τὸν ὅμοιον ἄγει θεὸς ὡς τὸν ὅμοῖον.

— 2. Καί... κολοιόν. Encore un proverbe inachevé qu'Aristote cite tout au long dans les *Magna Moralia*, II, 11 : Κολοιὸς παρὰ κολοιὸν ἱζάνει. Toutefois ce mot épique et dorien ποτὶ pour πρὸς fait supposer qu'Aristote a en vue une forme plus ancienne de ce proverbe.

Page 6 : 3. Κεραμεῖς. Allusion à un vers d'Hésiode, *les Tra-*
vaux et les Jours, 25 : Καὶ κεραμεὺς κεραμεῖ κοτέει, καὶ τέκτονι τέκτων.
— 4. Εὐριπίδης. Voici ces vers d'Euripide. Ils appartiennent à
une tragédie perdue, on ne sait laquelle. Ἐρᾷ μὲν ὄμβρου γαῖ'
ὅταν ξηρὸν πέδον Ἄκαρπον αὐχμῷ νοτίδος ἐνδεῶς ἔχῃ · Ἐρᾷ δ' ὁ
σεμνὸς οὐρανὸς πληρούμενος Ὄμβρου πεσεῖν εἰς γαῖαν Ἀφροδίτης ὕπο.
Page 8 : 1. Εἴρηται... ἔμπροσθεν. Ces mots sont suspects ; on
ne trouve nulle part dans la *Morale à Nicomaque* de passage
auquel ils puissent se rapporter.
— 2. Αὐτῶν se rapporte à l'amitié et aux questions qui s'y
rattachent.
Page 10 : 1. Εἴπερ. Après ce mot, sous-entendez τῷ οἴνῳ
βούλεταί τις τἀγαθά.
Page 14 : 1. Εὐτραπέλους, mot à mot « qui se tourne facilement », et par extension, « facile à vivre, aimable, enjoué. » Les
Latins en ont fait un nom propre : « Eutrapelus. »
— 2. Ὅσπερ ἐστίν. Ces mots sont une conjecture de Bonitz,
indispensable au sens de la phrase ; sans quoi, ὁ φιλούμενός ἐστιν
n'a point d'attribut.
— 3. Κατὰ συμβεβηκός, par accident. Ce mot a ici un sens mé-
taphysique. Il signifie ce qui est dans un sujet, mais ce qui
pourrait ne pas y être, sans que le sujet fût détruit.
Page 16 : 1. Ὦσιν, παύονται. Ces deux verbes ont des sujets
différents. Le sujet du premier est οἱ φιλούμενοι, celui du second
est οἱ φιλοῦντες.
— 2. Ὅσοι... διώκουσι, sous-entendu ἐν τούτοις ἡ τοιαύτη φιλία
δοκεῖ γίγνεσθαι.
— 3. Ὦσιν n'a pas le même sujet que προσδέονται, mais οἱ
φιλούμενοι, dont l'idée est comprise dans τοιαύτης ὁμιλίας.
— 4. Ἔχουσιν a le sens de παρέχουσιν.
Page 18 : 1. Φιλοῦσι καὶ ταχέως παύονται. Le traducteur français lit φιλοῦσι ταχέως καὶ παύονται. Le sens est ainsi plus satis-
faisant.
Page 20 : 1. Ταύτῃ, sous-entendu τῇ φιλίᾳ est l'équivalent de
τούτοις τοῖς φίλοις, ce qui explique le καθ' αὐτούς qui suit.
— 2. Ταύτῃ γὰρ ὅμοιοι... ἐστίν. Passage évidemment altéré ; le
sens exigerait, selon M. Thurot, ταύτῃ γὰρ ὁμοιότης καὶ τὰ λοιπά.
τό τε ἁπλῶς ἀγαθὸν καὶ ἡδὺ ἁπλῶς, ἐστίν, mot à mot : « à celle-ci
est la ressemblance et le reste, à savoir le absolument bon et
le absolument agréable. »
Page 22 : 1. Ἅλας. Proverbe passé dans la langue latine,
puisque Cicéron a dit également : « Verumque illud est quod
dicitur multos modios salis simul edendos esse. ut amicitiæ
munus expletum sit. » (*De Amicitia*, XIV.)

Page 26 : 1. Αἱ πόλεις, sous-entendu λέγονται φίλαι.

Page 28 : 1. Οὐδὲ γίνονται. La négation οὐ πάνυ qui est en tête de la phrase retombe également sur cette proposition.

Page 30 : 1. Καθεύδοντες, expression figurée, pour désigner des gens qui, pouvant agir, n'agissent pas, en latin : *cessantes.*

— 2. Πολλάς.. διέλυσεν. Citation tirée d'un auteur inconnu.

— 3. Φιλικοί ne signifie pas ici *enclins à aimer* (sens actif), mais *faits pour être aimés* (sens passif). Aristote veut dire que les gens de cette nature ne sont pas propres à s'inspirer de l'amitié les uns aux autres.

Page 34 : 1. Ὁμοίως... στρυφνοί. sous-entendu γίνονται φίλοι ταχύ.

Page 36 : 1. Πολλούς. Le traducteur français fait observer justement que la raison donnée par Aristote (πολλοὶ γὰρ οἱ τοιοῦτοι) exige que l'on lise πολλούς, et non πολλοῖς que portent beaucoup d'éditions.

Page 40 : 1. Ταὐτοῦ, la même espèce d'amitié, c'est-à-dire fondée sur la vertu qui est le type des autres.

Page 44 : 1. Ἕως τίνος <οἱ> φίλοι. Supprimez l'article devant φίλοι qui est attribut.

— 2. Ἔτι μένει, sous-entendu φίλος ὁ ὑπερεχόμενος.

— 3. Πολὺ δὲ χωρισθέντος, sous-entendu τοῦ ὑπερέχοντος.

— 4. Ἀπορεῖται, μή ποτ' οὐ. Ces deux négations sont employées avec les verbes qui signifient craindre. Si la trop grande distance nuit à l'amitié, il est à craindre qu'il ne soit pas vrai de dire que des amis doivent se souhaiter le plus de bien possible.

Page 48 : 1. Δι' αὐτό se rapporte dans la pensée de l'auteur à τὸ τιμᾶσθαι, qui précède; nous sommes obligés de traduire en français comme s'il y avait δι' αὐτήν.

Page 56 : 1. Συμπορεύονται, on marche ensemble, comme quand on s'embarque, quand on va à la guerre.

Page 58 : 1. Ὁμοίως... δημόται, sous-entendu κατά τι μέρος τοῦ συμφέροντος ἐφίενται.

— 2. Θυσίας τε ποιοῦντες. Texte évidemment altéré ou incomplet. On ne voit pas à quoi se rapportent grammaticalement les participes ποιοῦντες, ἀπονέμοντες, πορίζοντες.

Page 60 : 1. Ἀπὸ τιμημάτων. C'est sans doute une allusion à la constitution de Solon, qui avait distribué les citoyens en quatre classes (τέλη ou τιμήματα), suivant la quotité de leurs revenus et de leurs contributions aux dépenses publiques avec droits proportionnels.

— 2. Πολιτείαν, proprement forme de gouvernement, constitution. L'expression de *régime constitutionnel* en offrirait ici l'équivalent.

Page 62 : 1. Κληρωτὸς... βασιλεύς. A Athènes on tirait au sort l'un des archontes, et certains prêtres qui étaient appelés βασιλεῖς.

— 2. Ἑαυτῷ. Parce que l'idée de ὁ τύραννος, est comprise dans τυραννίς; du reste on peut donner aussi ὁ τύραννος comme sujet sous-entendu à διώκει.

— 3. Φανερώτερον. Il est encore plus évident que la tyrannie est le plus mauvais des gouvernements qu'il n'est évident que la royauté est le meilleur.

— 4. Μεταβαίνει, a un sens absolu; il équivaut à μετάβασις γίνεται.

— 5. Πλήθους. Soit par l'abaissement du cens, soit par la suppression des droits proportionnels aux contributions payées.

Page 64 : 1. Τῶν διαφερόντων désigne l'objet et non le sujet de l'action signifiée par ἀρχαί.

Page 68 : 1. Ὅμηρος... εἶπεν. Τῷ νῦν Ἀτρείδη Ἀγαμέμνονι, ποιμένι λαῶν. (Iliade, II, 254 et 772.)

— 2. Ταῦτα. Je crois, avec M. Thurot, qu'il serait préférable de lire ταὐτά.

Page 72 : 1. Ἐν κοινωνίᾳ μὲν οὖν πᾶσα φιλία ἐστίν. Le sens est : « Il n'y a pas d'amitié sans communauté. » M. Thurot propose πάσῃ, qui serait effectivement meilleur et traduit en conséquence.

— 2. Αἱ δὲ πολιτικαί... sous-entendu κοινωνίαι.

Page 74 : 1. Καὶ τῷ.....χρόνου, sous-entendu διαφέρει ἡ τῶν γονέων φίλησις τῆς τῶν τέκνων.

Page 76 : 1. Ἐκεῖνα, quoique neutre, tient lieu de γονεῖς. c'est-à-dire τὰ (les êtres) ἐξ ὧν πεφύκασι.

— 2. Ἧιξ γὰρ ἧνικα, sous-entendu τέρπει. C'est encore un proverbe cité en abrégé.

Page 78 : 1. Τῶν ὀθνείων, c'est-à-dire μᾶλλον τῆς τῶν ὀθνείων φιλίας.

Page 80 : 1. Ἐπὶ τοσοῦτον a ici, comme dans beaucoup de phrases, un sens restrictif, *autant* et *pas plus*, comme en latin *tantum* ou *hactenus*.

— 2. Τῷ τοιούτῳ, c'est-à-dire τῷ σπουδαίῳ ou τῷ ταύτην τὴν ἀρετὴν ἔχοντι.

Page 82 : 1. Συμφοιτητήν, condisciple. M. Thurot pense qu'ici, comme dans un passage des *Helléniques* de Xénophon (II, 4), ce mot désigne ceux qui se rendent aux mêmes fêtes.

— 2. Ὁμοίως... ἡδεῖς, suppléez γίνονται φίλοι, καὶ ἡδίων ἧττον ἡδεῖ.

Page 84 : 2. Μάλιστα εὐλόγως. Οἱ μὲν γάρ. M. Thurot ponctue avec raison : μάλιστα· εὐλόγως· οἱ μὲν γάρ. Il considère

l'adverbe comme l'équivalent de καὶ τοῦτο εὐλογόν ἐστιν, et traduit en conséquence.

Page 84 : 2. Ἐὰν ᾖ χαρίεις, sujet sous-entendu ὁ πάσχων.

— 3. Ὁ δὲ ὑπερβάλλων, suppléez τῷ εὖ ποιεῖν.

— 4. Ἡδονήν, suppléez γίνεται τὰ ἐγκλήματα καὶ μάχαι.

Page 86 : 1. Ἐκ... χεῖρα, suppléez διδοῦσα.

— 2. Εἰς χρόνον, suppléez διδοῦσα.

— 3. Τί... τινός suppléez δοθήσεται.

— 4. Ὁτιδήποτε ἄλλο, suppléez εὐεργετεῖ ou un autre verbe de
sens analogue dont l'idée est contenue dans δωρεῖται.

Page 88 : 1. Δέ. M. Thurot veut ici δή avec raison.

— 2. Ὡς δή... καθάπερ οὖν... διαλυτέον. Il faut considérer διαλυτέον comme l'équivalent de δεῖ διαλύειν, faire dépendre ὡς δή
ἁμαρτάνοντα de δεῖ, et regarder οὖν comme une répétition de δή
amenée par la parenthèse.

Page 90 : 1. Ἐπαρκεῖ a pour sujet sous-entendu ὁ εὐεργετῶν.

Page 92 : 1. Νέμεσθαι, infinitif gouverné par οἴεται ou φησί,
dont le sens est contenu dans οἴεται.

— 2. Οὔ φασιν, au pluriel, bien que le sujet ὁ ὠφελιμώτερος soit
au singulier; mais ce mot est collectif; il désigne toute une
classe d'individus.

— 3. Λειτουργίαν, prestations ou charges de toutes sortes
imposées à Athènes aux citoyens riches, comme l'équipement
d'une galère, les dépenses de repas publics, de représentations
théâtrales.

— 4. Ἀνάπαλιν, sous-entendu οἴεται.

— 5. Φασίν, même remarque qu'à la note 2.

Page 96 : 1. Ἀνταποδιδόντα à l'accusatif comme sujet de
ἀνταποδιδόναι contenu dans ἀνταποδοτέον (δεῖ ἀνταποδιδόναι), et
bien qu'ὠφελουμένῳ soit au datif. Il y a donc ici anacoluthe.

— 1. Ποιήσας. Ce mot a un complément sous-entendu comme
ὁτιοῦν, dont le sens est contenu dans οὐδέν.

— 2. Ὑπερβάλλοντος, suppléez υἱοῦ.

Page 98 : 1. Περὶ... εἰρήσθω. Ces mots semblent avoir été
ajoutés. M. Thurot ne les traduit pas.

R. F. FIN

www.ingramcontent.com/pod-product-compliance
Lightning Source LLC
Chambersburg PA
CBHW060625100426
42744CB00008B/1506